高校户外拓展运动教学与实践研究

GAOXIAO HUWAI TUOZHAN YUNDONG
JIAOXUE YU SHIJIAN YANJIU

余 亮◎著

 中国水利水电出版社
www.waterpub.com.cn

内 容 提 要

　　本书对高校户外拓展运动的基本理论和相关实践进行了深入的分析和详尽的阐述。全书共 8 章，内容分别涉及高校户外运动的开展概论、课程教学、组织实施、基本技能等方面的知识，还包括山地户外运动、冰水户外运动和户外拓展训练项目的具体实践。

　　本书内容丰富，逻辑严密，条理清晰，理论与实践紧密结合，具有一定的学术价值，对高校户外拓展运动的教学和开展将能起到很好的引领和指导作用。

图书在版编目(CIP)数据

高校户外拓展运动教学与实践研究 / 余亮著. -- 北
京：中国水利水电出版社，2014.4（2022.9重印）
　ISBN 978-7-5170-1840-7

　Ⅰ．①高…　Ⅱ．①余…　Ⅲ．①高等学校—体育锻炼—
教学研究　Ⅳ．①G807.44

　中国版本图书馆 CIP 数据核字(2014)第 056201 号

策划编辑:杨庆川　责任编辑:杨元泓　封面设计:马静静

书　　名	**高校户外拓展运动教学与实践研究**
作　　者	余 亮 著
出版发行	中国水利水电出版社
	（北京市海淀区玉渊潭南路 1 号 D 座 100038）
	网址:www.waterpub.com.cn
	E-mail:mchannel@263.net(万水)
	sales@mwr.gov.cn
	电话:(010)68545888(营销中心)、82562819(万水)
经　　售	北京科水图书销售有限公司
	电话:(010)63202643、68545874
	全国各地新华书店和相关出版物销售网点
排　　版	北京鑫海胜蓝数码科技有限公司
印　　刷	天津光之彩印刷有限公司
规　　格	170mm×240mm　16 开本　14 印张　251 千字
版　　次	2014年6月第1版　2022年9月第2次印刷
印　　数	3001-4001册
定　　价	42.00 元

前　言

　　户外拓展运动是在自然场地上进行的集体运动项目,具有很大的娱乐性、挑战性和刺激性,运动价值非常高。将户外拓展运动引入高校体育教学实践是高校体育教学的一种创新和发展,是新时期高校培养全面发展的高素质人才的必然要求,也是当代大学生拥抱自然、挑战自我、进行终身体育的客观需要。就我国高校户外拓展运动教学的发展现状来看,存在着教学体系不完善、教学内容不全面、课程构建不完整等诸多问题,基于此,特撰写了《高校户外拓展运动教学与实践研究》一书,旨在为高校户外拓展运动提供必要的教学指导。

　　本书以完善我国高校体育教育人才培养体系为目标,以提高大学生的户外运动技能为出发点,在认真分析当前我国高校户外运动开展现状的基础上,针对高校户外运动课程教学特点与课程教学规律提出了一系列发展对策和合理化建议,同时对我国高校户外拓展运动的常设教学项目进行了实践分析。对于进一步促进我国高校体育教育的发展、完善我国高等教育的人才结构体系具有重要的意义。

　　全书共八章,分理论和实践两个部分。第一章至第五章为理论部分,主要是对高校户外运动的课程教学、组织实施、基本技能进行了研究。第一章详细阐述了我国高校户外运动的开展情况;第二章为高校户外运动课程开设与教学研究;第三章为高校户外拓展训练课程教学研究;第四章重点分析了高校户外运动的组织与实施;第五章对户外运动的气候辨别、方向辨别、野外行进技术进行了详细的介绍。第六章至第八章为实践部分,分类别地介绍了我国高校户外运动项目,主要包括山地户外运动项目、冰水户外运动项目和户外拓展训练项目,具体涉及到攀岩、野外生存、定向越野、山地自行车、滑雪、滑冰、漂流、溯溪、溪降、破冰类项目、沟通类项目、团队类项目、领导类项目以及空中挑战类项目。整本书以高校户外拓展运动教学理论和教学实践为主线,层次分明,是一本适于高校体育教师、学生以及户外拓展运动项目爱好者研究与学习的科学著作。

　　本书的撰写突出了以下特点:首先,内容系统、全面,既重视教学理论研究,又重视教学实践指导;其次,重视教育功能,将户外运动的课程教学设计和体育技能教学融为一体,重视以人为本和终身体育教育;最后,强调个性发展,户外拓展运动实践项目丰富、新颖,符合学生的个性化差异,可满足学生的不同运动需求。

本书在撰写过程中,参考了有关专家和学者的研究成果,在此表示诚挚的谢意。另外,由于作者经验和水平有限,书中难免存在不妥或错误之处,恳请读者批评指正。

作 者
2014 年 1 月

目　录

第一章　高校户外运动开展概论

户外运动是一系列的项目群,有着丰富的内容,它以其挑战性和刺激性受到了广大人们的欢迎与喜爱,也已成为高校开展的重要体育项目。本章对高校户外运动开展的基本知识进行分析论述,包括户外运动概述、我国高校户外运动开展现状、制约因素以及解决策略等,从而为户外运动的进一步研究奠定基础。

第一节　户外运动概述

一、户外运动的起源与发展

目前,户外运动还没有确切的定义,但可以对其进行广义与狭义的理解。从广义上来理解,"走出院落"就是户外,人体的空间位移就是"运动",所以,走出房屋院落露天之下的活动就是户外运动,它应包括所有在室外进行的运动,如各种室外球类、田径、游泳、骑马、射箭等大类和其中的各种小项。从狭义上来理解,户外运动是指在自然场地(非专用场地)开展的体育活动,就是指普通大众通常理解的、在室外进行的、通过参与者自身努力而使自己的身心得到锻炼,使自身更能贴近自然、感受自然的运动。将广义与狭义两方面的理解进行比较,可以看出广义的理解太宽泛,无法显示出户外运动的独特性,因此,狭义方面的理解更为贴切。

自古以来,人们就有户外运动的需要和实践,户外运动的发展也有着悠久的发展历史,下面对户外运动的起源与发展进行研究。

(一)我国古代户外运动实践

户外运动起源于人类的劳动。在人类长期的生存生活、生产实践中,户外运动逐渐产生和发展起来。我国古代的户外运动，从本质上来看就是人的生活、生存的技能和手段。当时交通极为不便，人们面临着很差的生存生活条件，为了生活和生存，需要在野外狩猎、砍柴、伐木和采掘野果、野菜、药材、矿产等；或者翻山越岭进行商品、生产资料、文化艺术的交流。另外，自然环境中军队也会利用自然屏障进行格斗战争。长此以往，各种户外的民俗、踏青、旅游、健身活动等便逐渐形成。

随着社会的发展，户外活动逐渐形成一种健身、休闲、娱乐活动和民俗习惯。《论语·先进》有着"暮春，春服既成，冠者五六人，童子七八人，浴乎沂，风乎舞雩，咏而归"的描述，从中可以看出春秋时人们就纷纷登高郊游，并且当时登高郊游盛行。到了唐代，登山活动比较盛行，人们经常攀登"五岳"（东岳泰山、南岳衡山、西岳华山、北岳恒山、中岳嵩山）和我国著名的四大佛教名山（峨眉山、普陀山、九华山、五台山），以及其他雄伟秀丽的山峰。这从当时诗人的作品中便可发现端倪。"西上太白峰，夕阳穷登攀。太白与我语，为我开天关。愿乘冷风去，直出浮云间。举手可近月，前行若无山。一别武功去，何时复更还。"这是李白《登太白峰》一诗的内容，其中以雄奇奔放和极度夸张的笔调，描写了登山的艰难险峻，使户外登山成为文人墨客们抒发情感和进行艺术创作的活动。另外，杜甫也有"会当凌绝顶，一览众山小"之句，千古流传。由此可见唐朝的登山活动已经开展得比较普遍了。徐霞客是我国明代著名的旅行家、地理学家，他从 20 岁起就开始了登山探险等活动，旅行生涯长达 30 多年，他游历于我国的名山大川之间，对我国的岩溶地貌、山川源流、火山温泉以及野生动植物等自然生态，都进行了深入的考察，著有《徐霞客游记》，为后人留下了可贵的古代登山活动史料及高山科学考察的资料。踏青可以算是我国古代较为流行的户外运动，一般在旧俗南方中农历正月初八，北方以农历三月初三或清明节进行，宋欧阳修作词云："南园春半踏青时，风和闻马嘶。青梅如豆柳如眉，日上蝴蝶飞。"这正是踏春的写照。另外，我国传统的九月九日重阳节是一个人们户外登高的节日，历代都有重阳登高的诗文。根据文献记载，我国早在公元前 100 年左右就有登山活动，到公元 7 世纪玄奘等人到达过海拔 6 000 米的高度。

通过对我国历史发展与户外运动发展的分析，可以得出，我国的户外运动具有悠久的历史。

（二）现代登山运动的兴起

登山运动是现代户外运动起源的主要标志。围绕着登山活动，一系列与登山运动相关的各种类型的山地户外运动不断产生。由此可见，对户外运动的起源与发展进行研究，对现代登山运动的兴起做阐述是十分必要的。

1. 世界登山运动的兴起

(1)阿尔卑斯黄金时代

阿尔卑斯山是欧洲的著名山脉,它横贯法国、意大利、瑞士和奥地利等国家,海拔4 810米的勃朗峰是其主峰,在法国境内。阿尔卑斯山区具有复杂的山体结构、特殊的气象气候和非常丰富的动植物资源,因而吸引了众多科学家的注意。1760年,法国科学家德·索修尔对阿尔卑斯山区进行考察时,对勃朗峰的巨大冰川和高山动植物产生了浓厚的兴趣。为了探明勃朗峰的情况,他和村医巴卡罗、石匠巴尔玛于1786年8月8日结伴登上了勃朗峰顶,成为现代登山运动的创始人。一年后,他又率领一支20多人的队伍再次登上了勃朗峰,揭开了现代登山运动的序幕。因此,1786年成为现代登山运动的诞生年,阿尔卑斯山下的夏木尼镇成为登山运动的发源地,德·索修尔、巴卡罗、巴尔玛等人则成为世界现代登山运动的创始人,并得到了国际登山界的公认。此后,阿尔卑斯山区的登山运动迅速发展,尤其从1850年至1865年的15年间,阿尔卑斯山区的20多座海拔在4 000米以上的山峰先后被征服,这期间被称为现代登山运动的"阿尔卑斯黄金时代"。

此后,难度更大、更为艰险的其他山峰成为登山者攀登的对象。1890年7月,英国登山家马默里首创钢锥、铁锁、绳结等登山专用工具和设备,以克服困难,避免滑坠、滚石、雪崩等山间危险,也意味着"技术登山运动"时代的到来。此后,各国运动员不断改进和研制新的登山装备和用具,各种各样的钢锥、冰镐、钉鞋、铁架背包等户外运动专门装备相继出现,把登山运动提高到了一个新的水平,成为登山史上重要的转折点,并把现代登山运动从西欧的阿尔卑斯山区,逐渐引向喜马拉雅高山区。

(2)喜马拉雅黄金时代

1950年6月,法国运动员莫·埃尔佐和勒·拉斯纳尔首次成功登上8 091米的安纳普尔那峰。1953年5月29日,英国登山队的依·希拉里和藤辛·诺尔盖从南坡首次成功登上了世界最高山峰——珠穆朗玛峰(海拔8 848.13米)。1964年5月,中国登山队的许竞、王富洲等10名运动员,首次成功登上完全坐落在我国境内唯一的一座8 000米以上的高峰——希夏邦马峰,创造了10名队员集体登上8 000米以上高峰的世界纪录。从1950年至1964年的14年间,国际公认的地球上14座海拔在8 000米以上的高峰全部被人类征服,成为世界登山史上的"喜马拉雅黄金时代"。此后,从1964年至1979年的15年间,各国登山运动员在过去攀登7 000米和8 000米以上高峰经验的基础上,对世界上14座海拔在8 000米以上的高峰,从各个不同的角度和路线,继续创造新的、难度更大的攀登路线和人数上的纪录。同时,世界现代登山运动不断向新的路线、不同季节、无氧攀登等高难度迈进,并不断研制和创新出各种类型户外登山的专用装备,突破了喜马拉雅山区"严冬季节禁区"、"雨季季节禁区"、"路线禁区",出现了高水平的"高山纵走"的攀登方式。这些成就汇成了 20 世纪 80 年代的现代登山高潮,促进了登山运动的发展。

2. 我国登山运动的兴起

中国运动员的首次正式进行的现代意义上的登山活动是在 20 世纪 50 年代。当时是 1955 年 5 月,许竞、师秀、周正、杨德源赴前苏联高加索登山营学习登山技术。他们和前苏联运动员联合组成中苏帕米尔登山队,成功登上了帕米尔高原上海拔 6 673 米的团结峰和海拔 6 780 米的十月峰。1956 年 3 月,中华全国总工会在北京西郊八大处举办了登山训练班,培训出首批登山运动员 55 人,并从中选出 35 人组成了新中国的第一支登山队,命名为"中华全国总工会登山队"。1956 年 4 月 25 日,该支队伍在前苏联登山专家的指导下,队长史战春等 32 人登上了座落在陕西境内的秦岭山脉的主峰,海拔 3 767 米的太白山。1956 年 7 月 31 日,中苏混合登山队登顶 7 546 米的新疆慕士塔格山。1957 年 6 月 13 日,中华全国总工会登山队经过艰苦的努力,又登上了四川省最高峰,海拔 7 556 米的贡嘎山顶峰。这是该支队伍首次征服海拔 7 500 米以上的高峰,标志中国现代登山运动进入了蓬勃发展的新时期。1958 年 5 月 16 日,登山运动被国家体委列为正式的体育运动项目。同年,中国登山运动协会也在北京成立,《中华人民共和国登山运动协会会章》和《登山运动员等级标准》得以颁布,并开始筹划攀登珠穆朗玛峰。1960 年 5 月 25 日,经过两个多月的精心准备和艰苦拼搏,中国登山队的王富洲、屈银华、贡布在队长史占春和队友王凤桐、刘连满的协助下,首次从北坡成功地登上了珠穆朗玛峰,从此跻身于世界登山的先进行列。

喜马拉雅黄金时代期间,我国登山运动主要取得了以下成绩:1959 年 7 月 7 日,中国登山队的潘多、西尧、周玉瑛、王义勤等 8 名女队员与 25 名男队员,一起登上了帕米尔高原上海拔为 7 546 米的慕士塔格峰,打破了法国科根创造的世界女子登山高度纪录。1961 年 6 月 17 日,中国藏族女子登山运动员潘多、西尧和两名男运动员一起成功地登上了海拔 7 595 米的公格尔九别山,创造了当时女子登山的最高纪录。1964 年 5 月 2 日,中国登山队登上了世界最后一座 8 000 米以上的处女峰——海拔 8 012 米的希夏邦玛峰。1975 年 5 月 27 日,中国科学考察登山队的 9 名队员(其中有一名女队员潘多),再次从北坡征服被称为"地球第三极"的珠穆朗玛峰,创造了男女混合一次登上世界最高峰人数最多和女子登山高度两项世界纪录。

经过"喜马拉雅黄金时代",地球上的 14 座海拔在 8 000 米以上的高峰,先后被各国运动员征服。随后各国登山运动员又不断选择奇、险、难的攀登路线,向一个又一个的高峰挑战。1976 年 7 月至 9 月,中国登山协会在新疆博格达峰开办登山训练营。1979 年 9 月,国家批准从 1980 年起对外国人开放珠峰等上百座山峰。1987 年 2 月 24 日,中国、日本、尼泊尔三国经过 14 次磋商,制订了三国登山队分别从珠峰南北两侧同时攀登会师峰顶的计划,于 1988 年 5 月 5 日,中、日、尼三国登山队员协作配合,成功实现了举世瞩目的南北两侧同时跨越珠穆朗玛峰的壮举。1990 年 5 月,中、苏、美和平登山队登顶珠穆朗玛峰。1993 年,海峡两岸联合登顶珠穆朗玛峰。1998 年 5 月,中、斯联合登顶珠穆朗玛峰。1999 年 5 月,中国登山协会在青海玉珠峰(海拔 6 178 米)开创了"全国登山大会",从此登山运动走向大众。2000 年,全国首届大学生登山越野挑战赛在长白山成功举办,标志着我国的户外赛事拉开帷幕。2000—2009 年,民间登山活动和群众性户外运动蓬勃发展,各种层次的各种类型的登山活动、全国山地运动会、户外极限挑战赛等户外赛事风起云涌。2005 年,经国家体育总局批准,山地户外运动被列为国内正式开展的体育项目。2010 年,中国登山协会为了贯彻"服务、引导、规范"的工作方针,全面落实"全民健身计划纲要",推动我国山地户外运动健康持续发展,颁布了《中国登山协会登山户外运动俱乐部管理办法》、《中国登山协会全国山地户外运动员注册与交流管理办法》、《中国登山协会全国性以上山地户外运动竞赛组织管理规范》。

(三)20 世纪 80 年代后的户外运动发展

随着现代登山运动的不断发展,一些新的户外运动在世界范围内迅速崛起,包括攀岩速降、溯溪漂流、徒步越野、科考探险、极限挑战、户外拓展、山地运动、野外生存生活训练等。

1989 年,首次越野探险挑战赛在新西兰举办,此后,各种形式的户外比赛在全世界如火如荼地开展起来。欧洲每年都有众多的大型山地户外挑战赛举行,同时各种类型的群众性的户外活动也随之广泛开展。在新西兰的350 万人口中,有 200 万人参加过不同形式的户外运动;在美国半数国民的一生中至少参加过一次户外探险活动;许多国家的中小学教育中,都把户外运动和野外生存生活训练,列入他们的教学计划之内。

我国从 1989 年首家民间户外社团正式注册成立起,至今呈爆发性发展。据调查显示,分布于我国 28 个省、市、自治区的户外运动俱乐部和登山协会达数千个,拥有会员数百万人;每年组织参加各种类型的户外活动人数,达数千万人次。同时,在国家颁布的"全民健身条例"、"全国普通高等学校体育课程教学指导纲要"和"全国亿万学生阳光体育活动"中,均对广大人民群众和青少年提出了要求,要对我国丰富的自然资源进行充分利用,广泛开展阳光户外体育运动。由国家登山运动协会、各省市登山协会、各地区行业所举办的各种类型的、不同等级的户外运动比赛以及群众性的户外活动,已无法统计。这种回归自然的绿色户外运动,已成为现代社会最受群众喜爱的体育竞赛、健身娱乐和生活休闲方式,并成为现代生活中的一种新潮与时尚。

在中国登山运动管理中心的支持下,中国登山协会于 2000 年 8 月在吉林主办了"长白山全国大学生登山越野挑战赛",项目有山地跑、定向越野、岩降、露营等。2001 年,中国登山协会在浙江安吉举办了"山地马拉松赛"。2002 年至 2005 年,中国登山协会在安吉每年都举办"国际山地极限运动挑战赛",比赛项目设有山地自行车、山间跑、器械攀岩、岩降、溯溪、定点穿越、划筏渡湖、负重跑等。此后,中国登山协会还举办了"江西三清山越野挑战赛"、"贵州梵净山越野挑战赛"等比赛,并在 2007 年开始进行我国第一期中级户外运动指导员培训,大大促进了我国户外运动的发展。

现在,户外运动已经成为人们休闲运动的重要方式之一,并且因其刺激惊险、新颖奇特、张扬个性、充满想象力的特点,逐渐受到广大大学生的喜爱和青睐。在高校中有近 25% 的学校相继在体育课程教学中增设了户外运动类教学内容,中国地质大学(武汉)还招收了户外运动专业的本科学生,开始系统地培养高等户外运动人才;在我国西南地区,西南大学、贵州财经学院等校也开设了不同形式的户外运动类课程。

二、户外运动的分类与特性

(一)户外运动的分类

户外运动有着多种分类,依据不同的标准,分类的情况也有所不同。主要的划分标准有三个,分别为环境特点、活动地形和组织形式。

1. 以环境特点为标准进行分类

按照环境特点和技术特点划分,可以将户外运动分为一个个单个项目。如"穿越"类可以是山地穿越,也可以是丛林或沙漠穿越,还可以是定点穿越;与攀岩类似的还有攀冰、下降等。而且随着户外运动的发展,也会产生一些新的项目,如最近从国外引进的"猎兔"运动就受到很多爱好者的追捧。部分常见的户外运动项目见图 1-1。

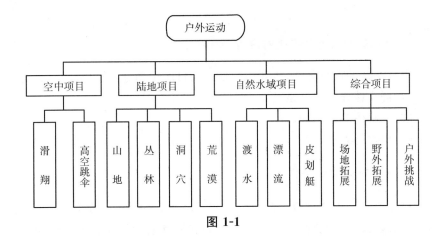

图 1-1

2. 以活动地形为标准进行分类

有的学者从竞技运动的角度将户外运动分为山地、海岛、荒漠、高原和人工建筑五大项，每个大项分为若干系列，见表 1-1。

表 1-1　以活动地形为标准对户外运动进行的分类

大项	系列	项目
山地户外运动	丛林	定位与定向、丛林穿越、丛林宿营、丛林觅食、丛林急救等
	峡谷	溯溪、溪降、搭索过河、漂流等
	岩壁	(器械)攀岩、岩降、攀冰等
	其他	群众登高活动
高原户外运动	高山探险	登山、高山滑雪等
	高原探险	高原徒步、高原峡谷穿越、江河源头探险等
海岛运动	荒岛生存	觅食(水)、海水淡化、宿营、联络、求援等
	滩涂运动	滑沙、滩涂运动游戏、结绳负重等
	峭壁运动	海上攀岩、悬崖跳水、溜索等
	近岸水域运动	木筏环岛、水中滚木等
荒漠运动	沙漠运动	滑沙、沙漠穿越、沙漠生存等
	戈壁运动	戈壁穿越、戈壁生存等
	荒原运动	穿越项目、生存项目等
人工建筑户外运动	垂向户外运动	攀楼、攀塔、地下管道攀降等
	水平户外运动	自行车、汽车公路穿越、直排轮公路穿越、公路徒步穿越、地下管道穿越等

3. 以组织形式为标准进行分类

户外运动的项目分类,按照组织形式和目的性划分,可以分为三大类。

(1)群众性登山户外运动。

(2)探险体验性培训。

(3)探险越野赛。

(二)户外运动的特性

户外运动是人文体育、绿色体育、科技体育,是广大人民群众健身益智的一种重要选择,能够促进社会的发展和和谐社会的构建。户外运动有着诸多的特性,主要包括以下方面。

1. 自然性

户外运动具有自然性,这是因为户外运动是在自然环境中进行的,与大自然的亲密接触自然使得户外运动有着回归自然、返璞归真的特征。对于在城市中生活的现代人来说,自然有着很大的吸引力,通过参与户外运动,人们能够获得更自然、更人性化的享受,这与中国"天、地、人"一体的哲理是相符合的,也能培养人与自然协调发展和生态环境保护的观念。

人类有着生态觉醒、回归大自然的本能,这就要求人们对自然要有发自内心的热爱和亲近,这样才能对户外运动的乐趣有深入的感悟。这种热爱不仅是对自然环境美妙温情的一面,也包括它残酷恶劣的一面。户外运动是真正的绿色体育运动项目,是近年来兴起的一项深受人们欢迎和喜爱的时尚运动项目。

2. 挑战性

户外运动是在大自然中开展的,自然界中的各种环境,包括天气、地质、地形、地貌等都会有各种不可预知的变化,户外运动参加者要适应,无一例外地具有不同程度的挑战性。参与者在户外运动中不仅要对自我体能、自我意志、自我心理素质、自我生存能力进行挑战,更重要的是要适应变化无常的自然环境。所以,参与者要保持积极健康的心态,要做好吃苦受累的准备,要有挑战自我极限的心理准备。户外运动可以使人们的上进心和求知欲得到激发,在兴奋和刺激中激发潜能,在艰苦的磨炼中完善人格,提高自己应对挑战、克服困难的信心和能力。

3. 危险性

大自然有着环境复杂、变化无常的特点,户外运动在其中实施,遇到许多意想不到的危险和自然灾难是必然的。因此,在实施户外活动的过程中,随时随地都会有危险性。所以,在开展户外运动时,一定要有充分的、全面的计划与准备;要有规范的、缜密的组织与管理;要有户外安全防护、自救互救与危难救援等预案;要建立户外运动安全保障体系和户外运动法制体系。

4. 团体性

户外运动内容丰富、形式多样、乐趣无穷、魅力无限,充满了刺激和挑战,因此要完成并不是件容易的事,需要依靠集体的智慧、大家的力量、团队的协作。因此,在变化无常的大自然中,尤其是在极其复杂恶劣的野外环境中,团队的力量远远大于个人的力量。所以,户外运动要有全面精湛的个人技能,更要有团结协作的团队精神。在任何时候都要记住,不要轻视和鄙视大自然,更不要想去征服和战胜大自然;而是要在户外这个最大的运动场所中,强调集体的智慧、团队的力量;要去挑战自我、适应自然。户外运动要求一个团队能统一思想和步调,团结协作,互相帮助,甚至是同生共死才能取得成功或胜利。在户外运动中,所得到的真情实感和友爱是刻骨铭心、终身难忘的。

5. 大众性

户外运动具有广泛普及的大众性,这是因为它不受任何条件的限制。户外运动把传统的走、跑、跳、投、攀爬、跨越等体育运动技能和人类生存生活的基本技能,很和谐地与大自然融为一体。其形式灵活、方法多样、贴近生活,可充分利用各种自然环境条件;不受年龄、性别、职业、地域、气候、季节、身体状况、经济条件等任何限制;参加者可根据自己的具体情况,选择与其相适宜的活动内容。充分体现了户外运动的自主性、主动性、主体性、自由选择性,能充分调动参加者的积极性和自觉性,有效促进人们的身体健康、心理健康和社会适应能力。符合终身体育、大众体育、全民健身及时代的要求。

6. 科学性

生命在于科学而适度的运动。户外运动是一门专业性非常强的体育运动项目,有着严格规范的组织管理和操作要求;有着科学理性的训练方法和运动方式。对参加者在心理、生理、知识、体能、技能和装备等方面,都有着非常高的专业要求;而不是简单背个包上路就可以算是户外运动。更不能鲁莽行事、胡搅蛮干,以免发生危险和山难。参加者应根据自己的具体情况,理性地选择与自己相适应的活动环境、项目内容、运动强度,虚心接受户外运动的科学方法和运动理念。

7. 启迪性

户外运动是一种体验式教育、启发式教育。户外运动"劳其筋骨,苦其心智",参加者在实践体验和亲身感受中,自觉地学习了解天文地理、气候水文、运动知识、动物植物、人文历史、民风习俗等基本知识;学习实践户外运动的各种基本技能;不断提高体能素质和健康水平。同时也将吃苦耐劳、团队协作、环境保护、助人为乐等做人做事的基本道理,内化为健康的心理品格,转化为良好的行为习惯。塑造完美的个性、健全优良的人格,使参加者的身心素质得以良好的发展。

8. 综合性

开展户外运动,要具有生理解剖、运动医学、地理环境、天象气候、人文历史、动植物学、环境学、管理学、心理学等方面的学问;同时还要有良好的心态、沟通的能力、团队的精神、丰富的经验和果敢的性格。户外运动爱好者,不仅是运动方面的专家,具有人类生存生活的基本技能;还要有勇于创新、顽强拼搏、挑战自我、自强不息的精神;是具备完美人格和优秀品质的复合性人才。

三、户外运动的价值分析

户外运动有着多方面的价值,主要包括健身价值、健心价值、社会价值和观赏价值,具体分析如下。

(一)户外运动的健身价值

户外运动利用空气、阳光、水、河、湖、海、沙滩、田野等自然条件,并根据实际情况进行登山、攀岩、徒步、溯溪等项目的活动或比赛,能够有效地促进人的新陈代谢,提高身体抵抗力,能够充分提高人的力量、灵敏、协调、反应等素质。

1. 户外运动对机体的作用

(1)对神经系统的影响。神经系统对人体的生命活动起着调节作用。从神经生理学观点来看,人体在户外运动过程中,肌肉与肌腱的收缩和牵张以及身体各部位的空间位置等随时变化着的信息,都以神经冲动的形式连续不断地传向中枢,到达大脑皮质。适当的运动是外周主要的生理刺激,能使大脑皮质兴奋和抑制过程更加协调,从而提高神经系统的工作效率,加强对各脏腑组织功能的调节作用。

(2)对心血管系统的影响。人体运动持续数秒钟以上,心肌收缩力加强,脉搏输出量增加,从而使心脏每分钟输出量增加。运动中肌肉中的毛细血管扩张,血流速度加快,动脉血压也随之升高,收缩压上升,舒张压轻微升高或略有下降。静脉血管由于受到肌肉随反复收缩舒张而产生"按摩"效应,从而促进了静脉血液回流。这些变化增强了血管的弹性。另外,运动时肌肉血管开放而其他脏器血管相应收缩,引起血流的重新分配。一般中等强度运动可以使心脏排血量增加 3 倍,肌肉血容量增加 10 倍,肌肉摄氧能力提高 3 倍,从而使做功肌获得的氧增加 90 倍。因此,长期坚持户外运动可使肌肉更加协调和完善,使安静时心率减慢,血压平稳;在定量运动中能以相对较低的心率、排血量与血压反应相适应,增加心脏的储备能力,以保证在剧烈运动中应对相对更强烈反应的需要。

(3)对消化系统的影响。户外运动能增强胃肠道蠕动,促进粪便排泄,且腹式呼吸时膈肌大幅度运动,对腹腔脏器起到了良好的按摩作用。运动利于胆汁合成和排出,可降低肌肉中的胆固醇,增加胆固醇排出。

(4)对内分泌、免疫功能的影响。运动应激反应作为肌体受到刺激后发生的非特异性适应反应,主要特征为交感—肾上腺髓质及垂体—肾上腺皮质的功能增强,引起血中各种相关激素和神经肽水平的改变。已有越来越多的证据表明,以下丘脑—垂体—肾上腺皮质轴为代表的神经内分泌系统的激活会影响机体免疫功能。户外运动对人的这些内分泌的正常调整、提高免疫功能具有积极的作用。

(5)对代谢的影响。户外运动可促进体内新陈代谢,对脂类代谢、蛋白质均有良好的影响。长期定量运动可提高体内脂蛋白酶活性,加速三酰甘油和极低密度脂蛋白的分解,增加高密度脂蛋白的含量,提高人体氧化利用脂肪酸的能力。有研究报道,虽然血中总胆固醇含量无明显差别,但进行慢跑等项目的运动员体内高密度脂蛋白含量明显高于不运动者,而低密度和极低密度脂蛋白含量少于不运动者。已知高密度脂蛋白具有清除脂肪堆积的功能,而极低密度脂蛋白会促进脂肪在血管壁的沉积。运动时由于体内产热增加,下丘脑的体温调节中枢和外周温度感受器的调控,使 75% 的热能主要通过出汗方式排出。运动使水、电解质代谢明显加强。

(6)对呼吸系统的影响。运动时交感神经兴奋、支气管平滑肌松弛、呼吸道阻力减少,可反射性地使呼吸加快、加深,使呼吸肌活动增强,更多的肺泡参与气体交换,使肺通气量和摄氧量较安静时增加近10倍。户外运动可使呼吸功能增强,保持肺组织的良好弹性,使人体供氧充足。

(7)对运动系统的影响。户外运动对维持骨的结构有重要的促进作用,可以提高骨密度,增加骨皮质厚度与硬度,增加骨质储备。另外,户外运动对软骨起着维持营养的作用。软骨并无直接血管供应,其营养主要来自软骨下骨组织的血液以及关节液,而关节液进入软骨主要依靠运动对软骨产生的"挤压"效应,从而使关节液"渗入"软骨,营养软骨。

2. 户外运动对体能发展的作用

(1)促进运动者力量素质的发展。力量是肌肉紧张或收缩时所表现出来的一种能力。它不仅是户外运动中非常重要的身体素质之一,同时也是其他各项身体素质的基础。因此,在户外运动中要有良好的快速力量和爆发力、良好的力量耐力、出众的手臂力量和下肢力量。另外,在攀岩过程中小肌肉群的力量也是不可忽视的,在保持平衡时就需要小肌肉群来协调整个身体,使身体在最省力的状态下迅速到达制高点。

(2)改善运动者的灵敏素质。灵敏性是迅速改变身体或身体某一部位运动方向的能力。在户外运动中,户外运动参与者要在自然环境变化的条件下表现出对周围环境迅速而准确的判断、灵活应变、快速敏捷地反应,还需要运动者具有高度的自我操纵能力和迅速做出应对措施的能力,因而能改善运动者的灵敏素质。

(3)促进运动者耐力素质的发展。户外运动中的一些项目,尤其是一些需要长时间进行,并且对速度素质有着较高要求的运动,需要运动者有足够的体能做准备,长时间地进行这些运动,能够促进和发展运动者的耐力素质。

(二)户外运动的健心价值

1. 户外运动与情绪调控

目前我国正处于城市化加速发展的时期,城市化的生活增加了个人与家庭的距离,加重了人际关系的淡漠。户外运动可以使人们的紧张情绪得到一定程度上的释放。在激烈紧张的学习和生活中,人们需要一定的宣泄以求得心理健康。户外运动的刺激性、放纵性、挑战性和冒险性,使它成为释放情感、净化心灵的最佳途径之一。参加户外运动,人们可以用独特的方式宣泄心理压力,获得正面的心理能量。通过对比舒适的都市生活和艰辛的户外运动,我们尝试生活的不同含义从而更加珍爱生命。

2. 户外运动与智力发展

经常参加户外运动,不仅使锻炼者的注意力、记忆力、想象力、反应能力、思维能力等得以改善和提高,还可以令其情绪稳定、性格开朗。而这些非智力因素对人的智力具有促进作用。人的智力依赖于大脑和中枢神经系统的机能,良好的体质,特别是良好的神经系统,是智力发展的物质基础。户外运动是在外界有充足氧气的环境中进行的,能保证大脑的能源供应。其次,户外运动练习总是伴随着复杂的智力活动,给大脑和神经系统提供各种信息,不断对大脑细胞进行刺激,使大脑神经细胞发育健全。大脑神经细胞的分支和突起增多,有利于提高大脑皮层活动的强度、协调性和灵活性,可以培养敏锐的感知能力、良好的注意力和记忆力。户外运动对于智力的影响有着积极的意义。

3. 户外运动与精神减压

目前我国正处于城市化加速发展的时期,城市化是社会发展的必然趋势,但它也给我们带来了严峻的挑战。城市化的生活增加了个人与家庭的距离,加重了人际关系的淡漠。参加户外运动,人们可以用独特的方式减压。在舒适的都市生活和艰苦的户外生活中,可以分别理解幸福的不同含义从而更加珍爱生命。攀岩、登山等一系列的活动,锻炼了人的毅力,增强了面对困难的勇气和自信心,使人们敢于挑战自我、超越自我。经过户外运动的考验,相信他们将会保持一种良好的心态,用全新的方式去迎接生活的挑战。

(三)户外运动的社会价值

1. 教育价值

户外运动的教育价值体现于这个项目在学校的地位和作用,也反映于它受学生喜爱的程度。当今高校体育教学处在改革的浪潮中,其教学内容、方法以及教学目标都随着社会的进步、时代的变迁发生了根本变化,体育教学内容由"以运动技术为中心"向"以体育方法、体育动机、体育活动、体育经验"转移,教材内容的深度强调可接受性、科学性,突出健身性、娱乐性、趣味性、终身性和实用性。在教学方法上强调素质教育,尊重学生的人格,承认学生的个体差异,重视学生的个性发展。"快乐体育"、"健康第一"的思想已是高校体育的核心。户外运动作为一项新型运动项目进入高校是在20世纪90年代末,尽管开课时间不长,但已是一项备受欢迎、极具教育价值的体育课程。它突出健身性、娱乐性、趣味性、终身性和实用性,符合素质教育的要求,正逐步被推广和快速发展起来。

2. 社会适应价值

户外运动的过程是一个合作的过程,合作是指在运动中,为完成共同的任务而采取的有明确责任分工的互助性组织形式。通过这一过程的合作,可以使人思维敏捷,反应迅速,有助于参与者在运动过程中体验情感,了解个人与集体的关系,从而培养团结友爱和相互帮助的情操,激发参与者不甘落后、积极向上的竞争意识。此外也能培养人们尊重权利、履行义务的意识,形成正确的价值观和道德观,理解公平竞争的含义。由此可见,通过户外运动不仅可以提高对身体、生命、环境和体育的认识,形成正确的体育价值观,还可以学会社会生活所需要的能力、行为方式和行为规范,提高人们对社会的适应能力,使他们更好地融入社会,成为一个完整的社会人。

(四)户外运动的观赏价值

以惊险、刺激、竞争、激烈为特色的户外运动极具观赏价值。在自然环境中,陡峭的岩壁、湍急的河流、荆棘的丛林等待人们去挑战和征服,并挑起观众观看的激情。各式各样的户外运动极大地满足了不同爱好、不同欣赏水平人们的观看欲望。正因为如此,现在电视、报刊上报道户外运动比赛的内容很多,刺激的感觉、险象环生的情节、户外美丽怡人的风景无不吸引热爱大自然、热爱户外运动观众的眼球。这些活动的开展很好地丰富了人们的文化生活,满足了人们精神生活需要。由于户外运动极具观赏价值,因此带动了不少爱好者去涉足户外运动,他们由不知到略知进而到了解,由观看上升到参与从而达到热爱、钟情于户外运动。

第二节　我国高校户外运动开展现状

一、高校开展户外运动的必要性

户外运动成为高校重要的体育运动之一,高校开展户外运动是由多方面的因素决定的,主要包括以下方面。

(一)大学生的客观要求

目前全球流行着多种形式的户外运动,这些运动受到了大学生的喜爱。究其原因,是因为高校学生的年龄特点、文化特征和教育经历等因素使他们对户外运动具有较高的积极性。

(二)高校体育课程改革的新天地

户外运动课程有着鲜明的特色,而且有着独特的育人功能,是对我国传统高校体育课程教学内容的突破,有着重要的意义。它不仅为我国高校体育课程的改革提供了新天地,也为我国高校大学生素质教育提出了新的思路。

(三)户外运动作为载体的多样性

户外运动具有基础性、综合性、先进性、适用性、科学性和极强的辐射功能。基础性表现在户外运动对学生的身体及心理健康的影响,培养学生自我激励、坚强坚韧的品格,经受挫折的承受能力等。进行户外运动的自然环境,同时也是对学生进行知识建构的野外天然教室,包含地理、地质、气候、天象、动植物、人文、美学等方面的知识。因此户外运动具有综合性、先进性、适用性、科学性。

(四)户外运动对学生社会适应能力的影响

户外的特殊的环境使个人出行是危险的,因此必须结伴而行,同伴间的相互需求和依赖,必须学会与人相处,并发展成一种能力而在现实的生活、学习和工作中使用。辐射功能是学生将其户外运动所倡导的健康、环保、友谊的生活观念带给社会的各个阶层。[①]

二、户外运动在高校开展的现状

(一)户外运动在国外青少年中开展的现状

户外运动在国外发展较早,开展得比较普遍。以美国为例,户外运动是必修的课程,活动设施条件优良,并且有着专业的人员进行指导。关于户外运动设计方面,内容非常丰富,主要包括理解自然与人的关系的环境型教育

---

① 杨学凤.论高校户外运动的开展.中华文化论坛,2009(S1)

计划;认识个人和同伴之间的协力、协调型计划;提高个人胆识的冒险教育计划;充实教学科研内容的教育型计划等课程。而在法国,青少年生活学习的松弛紧张关系受到了学者和家长的重视,因此在休假中,户外活动是他们主要选择的内容。在德国,青少年暑假作业的主要形式就是户外运动,青少年通过参加各种户外运动,获得相关的知识和技能。国际青年奖励计划是英国、澳大利亚、新加坡等国家开展的一项素质教育项目,其主要面向14至25岁的青少年。在这项计划中,主要鼓励青少年开展包括探险旅行等五个类别的活动。其中的探险旅行旨在培养青少年的探索精神、发现能力、环保意识和团队合作意识,采取徒步、骑单车、划船、骑马等多种方式,而配合探险旅行开展的野外生存和拓展训练也可以让青少年受益匪浅。青少年户外运动的发展在日本也十分蓬勃。定向越野等户外运动在日本各青少年群体中已经得到了有效的普及。

(二)户外运动在我国高校开展的现状

从20世纪80年代开始,户外运动就在我国开始发展起来,当时主要是喜欢野外活动的人自发组成小团队以自助的形式进行的野外活动。到了20世纪90年代中期,户外运动的发展有了长足的进步,户外运动俱乐部、户外运动用品店如雨后春笋应运而生。

目前,在我国的高校中,各种形式的户外运动蓬勃开展,由于受年龄特点、文化特征和教育经历等因素的影响,高校学生能够积极地参与到户外运动之中。全国许多高校有计划、有目的地开展了大量的、各种类型的户外运动。比如北京大学、中国农业大学、中国地质大学、江南大学等在开展户外运动的群体范围和运动水平上均发展较好。具体来说,首先对我国学校户外运动教育的情况进行分析。户外运动课程在许多高校都得到了开设,其教学条件为自然地理资源,教学内容为教授学生户外运动的基本常识和基本技术技能,教育目的为培养学生独立安全地参与户外运动和竞赛的能力,增进学生身体健康、拓展学生心理品质、培养学生综合素质,由此可见,它与传统的体育课程有很大的不同。从学生参与户外运动的意愿情况来看,大学生还是有着非常大的参与户外运动的意愿。高校学生积极地参与户外运动,源于他们对户外运动有着自己的理解,他们认为,通过参加户外运动,可以达到强健身心的目的,也可以提高社会交往能力,而他们参与户外运动则主要是以兴趣爱好为主要出发点,他们参与户外运动主要是为了娱乐、消遣。从高校开展户外运动的项目来看,主要有山地项目、海岛项目、高原项目、荒漠项目和人工建筑项目。其中山地项目包括峡谷系列、岩壁系列、丛林系列以及其他系列,海岛项目包括峭壁运动、荒岛生存、环岛运动、滩涂运动和潜水等。高原项目包括登山系列和探险系列,探险系列又包括冰川探险和雪地探险。荒漠项目包括沙漠系列、荒原系列和湿地系列等。人工建筑项目包括攀楼、攀塔和公路穿越。根据受欢迎程度进行排列,主要的户外运动项目包括郊游、登山、野营、徒步穿越、定向越野和攀岩等。

第三节　高校户外运动开展制约因素与解决策略

一、高校户外运动课开设率低,部分学生对户外运动不是特别感兴趣

高校户外运动课的开设率较低。根据某项调查显示,在国内的高校中,户外运动课程的开设率仅占 12.5%,而没有开设户外运动课程的学校占 87.5%。从高校学生对户外运动的认识程度来看,其认知度较低。对户外运动非常了解的只占 18%,比较了解的占 30%,了解一点的学生占 35%,完全不了解的占 17%。[①] 从这一调查数据可以看出,当前我国高校户外运动的开展仍然受到多种因素的影响和制约。

根据高校大学生参与户外运动的爱好倾向情况调查显示,并不是所有的大学生都喜欢户外运动。根据云南省高校大学生进行户外运动调查结果显示,不喜欢参加户外运动的大学生占 16%,而不太喜欢参与户外运动的大学生占 20%,而选择很喜欢的大学生占 20%,选择喜欢参加户外运动的高校大学生占 44%。由此可以看出,仍有一部分学生对户外运动不是特别感兴趣。

二、专业师资力量不足导致户外运动难以在高校深入开展

关于户外运动的分类,国家体育总局将高校大学生参与的户外运动分为五种类型,即山地项目、海岛项目、高原项目、荒漠项目和人工建筑项目。在户外运动项目中,较受大学生青睐的主要有郊游、登山、野营、攀岩、山地自行车、徒步穿越、定向越野等。由于多种因素的影响和制约,高校学生在选择户外运动项目时往往会选择难度级别较低或者技术级别较低,以及对

---

① 龚小琴. 试论高校户外运动开展现状的制约因素以及解决策略. 科教导刊,2012(9)

户外运动装备限制较少的户外运动项目。

由于受到户外专业教师等师资力量的限制,高校户外运动课程开设率较低,加上户外运动装备缺乏等因素的影响,导致户外运动在高校难以深入开展,因此高校户外运动课程的发展较为缓慢。另外,高校又缺乏从事专门户外运动的体育教师,户外运动师资力量的严重缺乏,致使高校大学生很少从事滑雪、滑冰、漂流、溯溪、溪降以及溶洞探险等户外运动。同时,又由于场地、器械装备等方面的影响和制约,使得高校户外运动的开展处于止步不前的状态。

户外运动在我国获得快速发展,社会对专业户外运动技术人员和管理人员的需求不断增加,然而国内各高校户外运动的发展仍然滞后,这使社会对户外运动技术人员的需求仍然得不到满足。

三、高校应采取多种措施,以确保户外运动在高校的广泛开展

高校应采取多种措施,如多开设户外运动课程、加强师资培训等,以促使户外运动在高校获得广泛开展。高校体育教师培训工作,可通过请专业户外运动教练进入高校授课,以及引导本院校的体育教师进行户外运动专业进修,从而使体育教师具备户外运动课程授课的技能。同时,高校还应通过开设和多设户外运动课程,使学生能够在掌握户外运动理论知识的基础上,亲身参与和体验户外运动带来的乐趣。一些缺乏户外运动资源的高校,可通过与其他高校的联合形成高校户外运动联合体,以充分挖掘各高校的户外运动资源,从而使高校大学生能够增加更多的参与户外运动的机会。

随着高校户外运动的不断发展,户外运动安全保障措施也成为一个值得关注的重要问题。高校在开展户外运动课程的同时,应不断完善户外运动的安全保障措施。高校应将户外运动安全教育培训列为户外运动课程教学的重要内容,以健全高校户外运动的安全保障措施。体育教师可在课堂上通过多媒体课件的教学形式向学生讲解不同的户外运动中应注意的安全事项,以及如何应对在户外运动过程中不可预测的天气状况和在户外遇到危险情况的解决办法,如何将发生的户外运动安全事故的危险降到最低。另外,体育教师还应逐渐强化大学生的户外运动安全意识,使大学生养成在每次参与户外运动之前都有事先备案的习惯,并对将要进入的户外运动场地做好勘察工作,以消除不安全因素,排除安全隐患。而对于参与户外运动的高校大学生而言,同学之间应加强沟通和交流,以明确户外运动中需要注意的安全事项。

四、高校体育教师应采用多种途径引入户外运动教育

(一)高校体育教师可通过课堂讲授和户外实践的教学模式对大学生进行户外运动教育

根据制约目前我国高校户外运动发展的几种因素进行分析,高校应进一步拓展体育课程模式,在高校体育课程中增设户外休闲运动项目。

体育教师可根据本院校的户外运动设施装备情况,采取不同的教学方式对学生进行户外运动指导。体育教师在教授户外运动知识时,可采取理论课、实践课和校园模拟户外运动课堂教学的方式进行户外运动教学,使学生在熟练掌握户外运动理论知识的同时,也能够对户外运动实践操作得心应手。

1. 户外运动课堂教学

在户外运动课堂教学中,体育教师不仅要向学生详细讲解户外运动的基本理论知识,包括户外运动的生存技能技巧、饮食安全、户外露营、安全防范和伤病处理以及危险情况下的自救和求救等内容,而且还应使大学生掌握户外运动基本技能技巧的实践操作方法,从而使学生在参加户外运动遇到危险时能够通过所掌握的基础医学知识进行自救和互救。

2. 户外运动实践教学

在条件允许的情况下,高校体育教师还可采取带学生进行户外运动实践的教学模式。

体育教师在带领学生参与户外运动实践的过程中,还应注意培养大学生的户外生存技能和技术,并加强对大学生户外运动安全意识的培养,让大学生根据自己在户外运动课堂教学中学到的理论知识运用于实践操作。

3. 校园内模拟户外运动情境教学

如果条件不允许高校体育教师将大学生带出校园,体育教师还可以采取在校园内模拟户外运动情境的教学模式进行户外运动教学,从而使学生能在现有的资源条件下获得实践方面的锻炼。

(二)高校体育教师可通过协助学生创建户外运动俱乐部的方式引导学生参与户外运动

高校教师还可引导大学生依据自己的兴趣选择适合的户外休闲运动,

通过协助他们创建户外运动俱乐部的方式,引导大学生积极参与户外运动。高校体育教师可协助大学生创建诸如健身型俱乐部、简易型俱乐部、竞技型俱乐部等多种形式的俱乐部,以提高大学生对户外运动的兴趣。近年来,我国多所高校的大学生户外运动俱乐部迅速发展壮大,如北大的山鹰社、成都理工大学的蜀山社等户外运动俱乐部不断发展壮大。在户外运动实践中,高校大学生通过大量接触野外生存环境,不仅有利于自身生存能力的提高,而且对大学生的心理素质、行为习惯以及生存价值观都会产生重要的影响。

(三)高校体育教师可通过户外运动比赛的形式进行户外运动教学

高校体育教学中的一些运动项目具有休闲的性质,这些运动项目能够促使大学生对户外运动基本知识的理解和掌握,并形成一定的基本技能和技巧。因此,对于一些适合在高校开展的户外运动项目,高校可采取户外运动比赛的形式组织学生参与户外运动,并通过这类活动广泛宣传健康休闲的生活理念。例如,在北大、清华等高校中,每年都会组织皮划艇、攀岩等运动项目的比赛。在比赛的现场,观战的学生人山人海。由此可见,高校户外运动已经深入人心。

第二章　高校户外运动课程
开设与教学研究

　　户外运动是新兴的运动项目,在身体和心理方面都有一定的挑战性。这与高校学生善于冒险、敢于挑战的性格特点相吻合,并且通过长期的户外运动锻炼,能够增强学生的适应能力和应变能力。目前,户外运动已经成为部分高校的重要课程之一,并且受到学生的喜爱与欢迎。本章主要就高校户外运动课程开设的必要性、现状与对策、课程教学的理论以及组织与管理等内容进行详细的剖析与阐述。

第一节　高校户外运动课程开设的必要性

　　在高校开设户外运动课程有一定的必要性,具体来说,主要体现在以下四个方面。

一、符合高校体育课程改革的需要和发展趋势

　　近年来,由于高校的扩招,使得学校运动场地和运动器材都出现了不足的情况。尽管各高校已经尽最大能力改善体育场地和体育器材配备,但由于学生人数增长远大于改善的程度,因此,场地面积和器材的数量都不能使学生和体育课的需求得到较好的满足。这往往会导致许多体育课程不好安排,尤其是对于那些学生较为喜爱的体育课程,往往也开设不了。

　　另外,尽管高校体育课程已经进行了多次改革,但是,都没有从根本上得到实质性的突破和转变,比如,只是局限于教学模式和运动项目的改良、没有将体育课程资源开发方面进行彻底的改善等,从而导致不能从单纯竞技体育教学的怪圈中彻底走出来,也不能将学科中心主义和竞技体育的思想完全摆脱掉,进而导致学生学习的兴趣得不到有效提高。

在这样的背景下,户外运动被引入高校体育教程,这使得体育课堂的教学场所由校园中搬到了大自然中,也将传统的跑、跳、走、投、攀爬、跨越等基本体育技能充分地融入到社会中,融入到大自然中,从而使传统体育课堂封闭的格局得到了有效的突破。由此可以看出,高校户外运动课程具有开展形式灵活、方法多样、贴近生活、场地要求低的显著特点,是目前高校体育运动场地不足现状的有效解决方式之一。因此,高校户外运动课程的开展是符合高校体育课程改革的需要的。

除此之外,高校户外运动课程的开展还与高校体育课程改革的发展趋势相符,这主要体现在:户外运动不仅将传统体育课中主要由老师到学生的单向传授技能的弊端彻底地摒除了,而且还将其优化为较科学的师生互动的双向学习模式,这使得学生的自主性、主动性、主体性、自由选择性等都得到了充分的体现,从而也使得学生参与体育课程学习的积极性、主动性和兴趣性都得到了较大程度的激发和提高,有利于体育课程的顺利开展。

二、高校实施素质教育的重要手段

传统意义上的人才,是指专业素质较高的窄面层次的人才。现代意义上的人才则不仅限于此,而是指宽面的人才,具体包括两个方面:一方面,具有良好的专业素质;另一方面,也具备优良的思想素质、人文素质、审美素质,尤其应该具备较高的创造素质、身心素质和人际交往素质。

根据相关调查可以得出,高校传统体育教学项目在学生创造素质、身心素质和人际交往素质方面的培养效果是不甚理想的。与之相较,户外运动在这方面的作用则是非常显著的。首先,受其运动特点决定,户外运动既能够强身健体,又能够使高校学生的创造灵感得到较好的激发,使他们的创造素质得到有效提高;其次,在特殊的户外环境中进行户外运动,能够使高校学生的心理品质得到锻炼和培养,塑造完美的个性,学生的人格得到健全,这对于高校学生的身心素质的良好发展有着积极的促进作用;再次,户外运动通常是以集体的形式进行的,因此,能够使学生有机会体验集体生活,并且进行沟通和交流,使学生对自己、他人和社会都有一定的了解和认识,并且建立良好的人际关系,为将来踏入社会奠定坚实的基础。

综上所述,高校户外运动课程的开设,不仅能够使传统体育教学项目的教学效果的不足得到较好的补充和弥补,而且还能作为重要手段来进行高校素质教育。因此,将户外运动作为高校体育运动课程和教学内容是正确的,是有必要的。

三、实现普通高校体育课程目标的有效途径

《全国普通高等学校体育课程教学指导纲要》中,有五项体育课程目标被提出,其中,还重点指出:高校应开发自然资源,通过户外运动来完成普通高等学校体育课程目标。由此可以看出对户外运动的重视。

高校户外运动教学的开展是以"以人为本,健康第一"的教育理念为主要指导的,因此,充分体现学生的自主性,并且以学生的兴趣为主要依据,积极调动学生参与户外运动课程的积极性和主动性,以期能够尽可能好地实现高校体育课程标准中的目标。

(一)实现运动技能领域的目标

户外运动教学的主要特点在于将传统体育运动场地搬到了大自然中。另外,内容新颖,吸引力强也是户外运动教学的重要特点,如户外运动中经常会用到的打绳节技能、攀爬技能、野外定向技能、钻木取火、野营扎帐技能、挖灶埋锅技能、搭绳过涧技能、山涧速降技能等,都是学生应该掌握的基本技能。这些对于学生运动技能的增强和高校体育课程标准中的运动技能领域目标的实现,都具有积极的推动作用。

(二)实现身体健康领域的目标

由于户外运动难度较大,许多项目对人的体能具有较高的要求,因此,为了能够适应户外运动中远途跋涉、攀登、爬越及朝夕气温的变化和不同地域的气压变化等状况,要求学生在参加户外运动之前要进行一定的体能训练,具备一定的体能基础。而这些体能训练对于学生整体身体素质的提高、良好锻炼习惯的养成、终身体育意识的培养等都有重要意义。户外运动教学对高校体育课程标准中的身体健康领域目标的实现也有重要推动作用。

(三)实现心理健康领域的目标

大自然是户外运动教学的场地,因此,教学过程中往往会出现各种不确定情况的发生,比如天气、气候以及空间和时间的转换等。这就要求学生时刻保持沉着、冷静的心态去适应或者应对这些情况。因此,可以说户外运动对于学生心理承受力、耐受挫折能力、独立处事能力的提高,心理品质的拓展,勇于探索、克服困难的意志品质的培养,良好个性的塑造等都具有积极的推动作用。良好的户外运动教学对于高校体育课程标准中的心理健康领域目标的实现意义重大。

(四)实现社会适应领域的目标

在高校户外运动教学中,通常都是以集体的形式进行的,可以是班、组,并且在集体中,每个人都担任着不同的角色,承担着不同的责任。在这个小的集体中,大家要相互帮助、相互照顾,团结一致完成户外运动教学中的任务。当前,有些学生往往以自身为中心,从不为他人考虑,通过户外运动教学,能够改善这一状况,使他们逐渐学会关心他人,学会和他人和谐相处,从而体会到集体生活的乐趣和温暖。由此可以看出,户外运动教学有利于团队精神、相互协作精神的培养,也有利于提高学生的社会交往能力。户外运动教学对于高校体育课标中的社会适应领域目标的实现具有积极作用。

四、符合现代学校体育教学理念

随着素质教育和体育教育的不断推进,高校体育教育改革也得到了不断深化。高校体育教育改革的重要特点是培养学生的综合素质和全面发展学生的个性。将户外运动作为普通高校体育教学的内容,不仅能够使时代的特征得到全面反映,而且还能够将现代学校体育教学的理念充分地体现出来。

(一)人文性原则

户外运动是高校体育教学的重要内容之一,通过户外运动教学,能够使学生强健体魄的同时,还有利于学生不怕困难、不怕挫折和不怕失败精神以及敢于竞争、敢于拼搏、自强不息精神的培养与建立,从而提高他们与他人合作、团结协作的意识。由此可以看出,户外运动教学使学校体育的人文性原则得到了充分体现。

(二)主体性和选择性原则

户外运动课程之所以能够开展起来,与其重要基础是分不开的,具体来说,主要包括对学生的人格比较尊重、对学生的个体差异承认、对学生的个性发展较为重视。另外,户外运动课程还以学生的体育爱好、兴趣和特长为主要依据进行相应的教学,使之完全满足学生的身心全面发展的需要。由此可以看出,户外运动教学使学校体育的主体性和选择性原则得到了充分的体现。

（三）开放性原则

户外运动课程的开设,打破了高校体育教学传统意义上只在校园开展的局限性,使学校体育课程的时间和空间得到了充分的拓展,也使学校体育教学改革的思路得到了开拓。将现代学校体育的开放性原则充分体现出来,是户外运动教学的最大特点。

第二节　高校户外运动类体育课程现状与对策

由于各个学校的具体实际情况不同,高校户外运动课程的安排也存在着较大的差异。下面主要以北京市、长春市和武汉地区高校为例来研究我国高校户外运动课程开展的现状与对策。

一、高校户外运动类体育课程的现状分析

（一）北京市高校户外运动课程开展的现状

以中国地质大学为例,中国地质大学为了顺应高校体育课程改革的潮流,将户外运动作为公共基础必修课划入了体育课程教育中。目前来看,以中国地质大学为首的各高校户外运动课程开展的状况良好,为其他学校户外运动课程的开展提供了良好的借鉴。下面主要从户外运动课程的教学目标、教学大纲、场地器材、师资力量等方面来分析北京市高校户外运动课程开展的现状。

1. 户外运动课程的教学目标

（1）运动参与目标。对户外运动具有一定的兴趣,能积极参与各种户外活动,培养和形成终身运动的意识,能制订切实可行的户外运动计划,具有一定的户外运动文化欣赏的能力。

（2）身体健康目标。增强身体素质,发展体能。

（3）心理健康目标。培养学生自信、自立和自理的能力,培养和形成坚强的意志品质。

（4）社会适用目标。培养和提高大学生基本的人际交往能力,培养团结合作的集体主义精神,形成积极参加户外活动的意识。

2. 户外运动课程的教学大纲

目前来看,高校户外运动课程主要由理论知识、实践知识和综合训练三部分组成(图 2-1)。

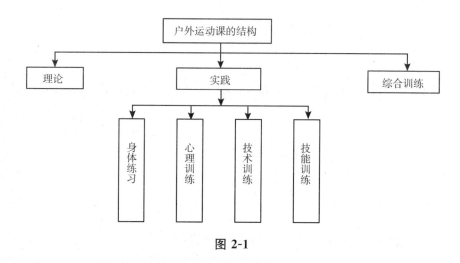

图 2-1

在户外运动课程安排上,理论课一般占 10 学时、实践课 22 学时、教学考核 4 学时,在户外运动课程教学中,十分重视对学生实践能力的培养。

3. 户外运动课程的场地器材

目前,中国地质大学拥有北京高校中最大的人工岩壁,主要包括难度岩壁、速度岩壁、抱石和仿自然岩壁。这为攀岩比赛的举办提供了优良的场地条件,另外,设施器材也都非常齐全,非常便于大学生参加训练和比赛。

4. 户外运动课程的师资力量

据统计,目前中国地质大学体育部担任户外运动课程教学的教师共有 16 名,其中主要研究攀岩教学的教师有 6 人,主要研究定向运动教学的教师有 5 人,主要研究素质拓展运动教学的 5 人,他们都采用集体备课的方式进行教学,受到学生的欢迎和喜爱。

通过对以中国地质大学户外运动课程开展的基本情况的研究可发现,北京市户外运动课程的开展状况良好,正走在健康发展的道路上。在今后的发展过程中,需要多采取一些手段和措施来吸引更多大学生对户外运动的参与。

(二)长春市高校户外运动课程开展的现状

1. 长春市高校户外运动课程设置(表 2-1)

表 2-1 长春市高校户外运动课程设置情况调查(n＝8)[①]

项目	设置户外运动课程	未设置户外运动课程
n	1	7
％	12.5％	87.5％

在被调查的长春市 8 所高校中仅有长春师范学院 1 所高校开设了户外运动课程,户外运动课程的开设率仅占 12.5％,未开设率占 87.5％。这充分说明长春地区高校户外运动课程的开设率极低,还需要大力改革和发展。

2. 长春市高校大学生参与户外运动的情况

(1)大学生对户外运动的认知程度。据对 609 名大学生的调查发现,其中非常了解户外运动的占 16％,比较了解的占 27％,完全不了解的占 31％,这说明大部分学生对户外运动还是有一定了解的,但非常了解与根本不了解的差距巨大,还需要各高校及有关部门加大对户外运动的宣传,争取户外运动能在高校中得到普及与发展。

(2)高校大学生对户外运动喜欢程度。总体来看,户外运动还是比较受高校大学生欢迎的,他们对户外运动基本都持肯定和支持的态度。其中非常喜欢和比较喜欢参加户外运动的大学生占总人数的 48％和 31％,这充分说明长春市高校大学生对参加户外运动的积极性还是非常高的,这非常有利于户外运动的开展。

(3)高校大学生户外运动参加情况(表 2-2)。通过对长春市各高校 609 名在校大学生的调查发现,参加过户外运动与未参加过户外运动大学生的比例分别为 62.9％和 37.1％。这充分说明,户外运动在长春市各高校的开展还是有着广泛的群众基础的。

---

① 钟镇吉. 长春市高校大学生户外运动开展现状及对策研究. 东北师范大学硕士论文,2010

表 2-2　长春市高校学生参与加户外运动调查表(n＝609)①

项目	参加过	从未参加过
人数(n)	383	226
比例(%)	62.9	37.1

(三)武汉地区高校户外运动课程开展的现状

1. 课程设置情况(表 2-3)

在被调查的 9 所普通高校中仅有三所大学开设了户外运动课程,这三所大学是中国地质大学、湖北经济学院及江汉大学,开设率占武汉地区高校的 33.33%,没有开设的学校占 66.67%。这表明户外运动课程在武汉地区高校的开设率不高,还需要进一步发展。

表 2-3　武汉普通高校户外课程设置情况调查表(n＝9)②

项目	有	没有
n	3	6
%	33.33%	66.67%

2. 高校大学生参与户外运动情况

(1)大学生参与户外运动基本情况(表 2-4)。通过对武汉各高校 835 名学生的调查发现,其中有 503 名学生参与过户外运动,占被调查人数的 60.24%,而有 332 人完全没有参与过户外运动,占被调查人数的 39.76%;这说明超过半数以上的大学生曾参与过各种各样的户外运动,相对来说还是有着一定的群众基础的,这为户外运动在武汉地区各高校的开展奠定了较好的基础。

---

① 钟镇吉.长春市高校大学生户外运动开展现状及对策研究.东北师范大学硕士论文,2010

② 王三保.武汉地区普通高校开设户外运动课程的可行性研究.华中师范大学硕士论文,2007

表 2-4　学生参与户外运动调查表(n＝835)[①]

项目	参与过	未参与过
n	503	332
%	60.24	39.76

(2)大学生参与户外运动的频次(表 2-5)。通过对武汉地区各高校大学生参与户外运动的频次的调查发现,大学生在一学期内参与过一次、两次、三次和四次户外运动的比例分别为 26.71%、10.30%、13.77% 和 9.46%。这说明武汉地区各高校大学生参与户外运动的频率较高,在高校中开展户外运动有着一定的群众基础。

表 2-5　大学生参与户外运动的频次(n＝846)[②]

项目	一次	两次	三次	四次以上	无
n	223	96	116	79	332
%	26.71	10.30	13.77	9.46	39.76

二、高校户外运动类体育课程开展的对策

(一)加强户外运动师资培训

目前来看,我国各高校户外运动专业教师非常匮乏,为解决这一现实问题,要采取"走出去,引进来"的方式,加大户外运动教学技能培训工作的力度,鼓励教师的再学习,确保户外运动课程的开设率。[③] 据了解,目前我国户外运动课程师资培训主要采取以下内容和形式。

(1)培训内容:户外运动的起源与发展、类型、特点及价值、户外运动的类型、身体和心理训练方法、教学与训练原则、运动注意事项等。

(2)培训形式:主要分为集中面授和分散函授两种。集中面授以基本技术与战术、教学与训练方法和技术考试为主,注重实践;分散函授主要以基

---

① 王三保．武汉地区普通高校开设户外运动课程的可行性研究．华中师范大学硕士论文,2007

② 同上

③ 周云．高校开设户外运动课程的必要性研究．和田师范专科学报,2007

础理论学习和理论考试为主,注重理论。

(二)加强对学生户外运动知识的培养

户外运动是一项拥有专业知识、设备和技术的运动,其科学性和安全性非常重要。因此,开展专业知识讲座,普及户外运动知识是非常必要的。[①]

在学校要经常地开展户外运动专业知识讲座,运用多媒体通过理论课教学和专业知识讲座,介绍户外运动概论、讲授户外运动(如:定向、野营、生存技能技巧、户外急救、饮食卫生、危险因素、自救求救等)基本知识和教授各种户外装备(如:帐篷、指北针、炉具、GPS、绳索等)的使用。理论联系实际,使学生对户外运动建立一个系统的概念,掌握基本的户外运动理论知识和户外运动技能,为参与户外运动奠定理论基础和技能保证。

(三)充分利用好高校户外运动的资源

目前,总体来看,我国各高校开展户外运动课程受到基础设施、师资、资金等诸多条件的限制。通过对高校体育资源充分挖潜,提高高校户外运动资源的使用效益,为提高效益,采取各种有效方式增强高校体育自我造血机制,为高校实施新兴体育课程提供物质支撑。[②] 例如,在学校可利用校园的建筑物、道路、小径等自然环境开展校园定向活动。这样可以不受场地条件和器材的限制。在这样的环境下,可充分调动起学生练习的兴趣,从而达到培养学生参与户外运动兴趣的目的。

(四)加强户外运动安全保障

户外运动是在大自然中进行的,其本身就是一个充满乐趣和享受生活的过程,但是由于它的特殊性以及存在着其他一些情况,使得户外运动的安全系数较小,在活动过程中存在着大量不安全的因素,这就需要活动组织者加强对户外运动的安全保障。要求学校在组织户外活动前,要仔细制订好户外运动计划,指定组织体系图,确定指导体制和明确任务分工;对于一些陌生的场地,要提前到现场进行勘查,了解场地情况,制订具体的活动内容和排除不安全隐患及提高安全事故的预防措施;同时,在户外运动的过程中

---

① 徐国富.以俱乐部形式进行大学体育教学的实验与研究.西安体育学院学报,2004(03)
② 庞元宁,何建文.体育课程新论.北京:人民体育出版社,2004

还要组织活动会议,让大学生了解户外活动的具体开展情况;最后还要开展现场调查和指导,发现问题,解决问题;进行活动小结,总结经验吸取教训,以便于下一次户外活动的开展。

(五)采取各种措施和手段加大对户外运动的宣传

可充分利用校园中的告示栏、广播站、校报以及校园网络等媒体加大对户外运动的宣传力度,让更多的学生了解并热爱上户外运动,营造出一个参加户外运动良好的氛围,这能够极大地推动户外运动在高校校园中的深入开展。

第三节　高校户外运动课程教学的理论研究

户外运动作为高校素质教育中的一门全新课程,可以有效提高学生的身心健康水平,并能够促进学生各方面素质的全面发展。高校户外运动是一门具有很强综合性的课程,它的学科跨度较大,包含了教育学、心理学、社会学、管理学、学校体育学以及安全求生等不同学科的知识。高校户外运动课程的理论体系也是以这些不同学科的知识体系为基础,来进行相互融合和分配才形成的。当然,各高校开展户外运动课程目的的不同,也会使户外运动课程的具体教学侧重点存在一定差异,例如,一些高校开展户外运动课程侧重于学生心理健康的发展,一些高校开展户外运动课程侧重于学生身体健康的发展,而还有许多高校开展户外运动课程主要是为了提高学生的社会适应能力等。因此,我们要加强对高校户外运动课程教学理论的研究,通过科学的分析和总结,对其基本理论进行梳理,帮助各个高校根据自身的发展特点,来选择适宜户外运动课程发展方向,同时也对其具体的教学目标、内容和方法提供充足的依据。

一、户外运动课程教学的教育学基础

高校开展户外运动课程的核心功能就是对学生进行全面的"健康教育和素质教育",它是学校教育系统的一个重要组成部分,因此其基本的课程内容和教学理论应符合学校教育系统的基本要求,进行教学理论的研究也应在学校教学研究的整体范畴之内。也就是说,教师在进行户外运动课程的教学理论研究时,可以将教育学中一些具有针对性的教学研究结果作为基本的理论依据,来进一步地完善和发展户外运动课程的理论体系。例如,在研究户外运动关于教育目的、内容、方法、基本途径、形式、相互之间关系以及教育本质、过程、主体、制度、管理等方面的问题时,都可以通过教育学的研究成果来进行系统的分析和总结,选择出针对户外运动发展特点的理论研究依据。

在高校户外运动课程教学中,教育学理论对其产生的影响主要体现在为整个教学理念的形成提供研究范式和理论依据。通过现代教育学理论的转变,改变学生以往被动接受知识和机械化记忆所学内容的形式,构建起一套体验式的新型教学理论,使知识在学生之间进行相互传递,并通过不同形式的思考、分析和总结,最终实现知识技能的延伸和新发展。这些在高校户外运动课程中也经常会得到体现。例如,通过小组的形式来完成同一户外项目,不同小组的学生会在讨论过程中形成独具特色的完成方法,在完成过程中,各个小组可以做到相互学习和补充,这样也就实现了所学知识的相互传递和延伸。

二、户外运动课程教学的心理学基础

由于高校开展户外运动课程教学的主要目标就是为了促进学生身心健康的有效发展,因此,在教学过程中,不管是教学的组织活动、环境的设计、教学的内容以及教学模式都具有较强的心理指向性。这也体现出了心理学理论在高校户外运动课程教学中的重要作用。在高校户外运动课程教学的心理学理论中,主要包括有归因理论、态度理论、目标设定理论和社会学习理论。

(一)归因理论

归因理论是组成心理学理论的重要部分。归因是个体对他人或自己的行为进行分析、解释和推测其原因的过程,它主要是通过对个体的外部行为特征进行解释和推断而得出发生其行为的主要原因。在归因理论中,主要包括以下几个方面的内容。

(1)心理活动的归因。主要指个体心理活动的产生因归结为何种原因。

(2)行为归因。主要是指根据个体的具体行为和外部表现,来对其心理活动进行推测。

(3)对个体未来行为的预测。主要是指以个体以往的行为表现,来对其今后在一定情境下会产生怎样的行为进行预测。

(二)态度理论

在高校户外运动课程教学中,态度主要是指学生在对某一特定对象的认知、评价和价值判断过程中所产生的一种心理倾向。态度主要由认知、情感、评价以及意向等要素构成,它的对象可以是人,也可以是某一具体的事物,还可以是抽象的概念。在态度理论中,认知是其构成的基础,这主要是由于学生的认知会对其行为意向产生一定影响。评价和情感则是态度理论的核心,它们是学生形成行为意向的关键。而意向是个体态度的最终表现形式,它可以对学生的情感反应进行直接的体现。

(三)目标设定理论

在高校户外运动课程教学中,目标是教师根据学生的具体情况,所制订出的特定行为标准,它的主要特性表现在方向和强度上。教师所制订的每一个教学目标都会具有一定的倾向性和针对性。而经过相关的实践研究发现,科学合理的目标可以有效地激发学生的身心能量,增强学生面对挑战性目标时的自信心。明确的目标还可以提高学生注意水平,使学生能够将心理和行为都集中在练习任务的完成上。学生在合理目标的指引下,可以培养其不怕困难和挫折的坚毅品质,即使在面对挫折时,也能保持对学习的清醒认识,继续朝着预定目标的方向而努力。目标的重要性也提醒教师在高校户外运动课程教学中要重视目标设定理论,在进行目标设定时,要做到明确、具体、现实且具有挑战性,要做到长期目标与短期目标的有机结合等方面。

(四)社会学习理论

社会学习是一项具有较强指导性的心理学理论,它主要是指个体以其他社会个体为榜样,来进行的一种学习过程。社会学习理论认为各种成功或受到奖赏的行为是可以再次发生的,个体会在此理论的引导下不断学习那些以往成功的经验和具体的行为,以取得同样的成功。在高校户外运动课程教学中,社会学习理论的指导作用主要可以从"自我效能"和"观察学习"两个方面来进行体现。

1. 自我效能感

自我效能感主要是个体对自身能力的一种认识,它并不是指个体所具有的技能如何,而是针对个体自身在面对某项任务或工作时,对自己能力所表现出的一种自信度。而在户外运动中,个体的自信度是完成运动的重要前提,只有相信自己一定能够达到目标,个体才能在过程中更加积极自信,才能取得较为理想的完成效果。

2. 观察学习

个体的学习过程常可分为直接经验学习和间接经验学习两个方面。其中,直接经验学习是指个体通过具体的实践来获得知识和经验的过程。而间接经验的学习则大多是通过个体观察和口头传授的方式来获得知识和经验的过程。相比于直接经验的学习,间接经验的学习更加迅速和便捷。而观察学习作为间接经验学习的一种重要手段,可以有效提高学生的学习效率,并能够及时在他人的学习方式、人际交往和学习状态中获得有效的知识和经验。

三、户外运动课程教学的社会学基础

社会学理论所包含的研究内容有很多,例如经济、社会结构、政治、人口变动、民族、城市、家庭、信仰、宗教、现代化、历史等,社会学的研究是从整个社会出发,通过社会关系和社会行为来研究社会的结构、功能、发生、发展规律,是一门综合性非常强的学科。社会学理论的发展速度非常迅速,也得到了广大学者更多的重视。如今,像人类组织、社会互动、群体等方面都成为社会学研究的重点。并逐渐朝着研究社会结构微层面的方向发展,例如,种族、社会阶级、性别及家庭等。

由于个体都具有一定的社会属性,因此,高校户外运动课程教学也同样会与社会产生一定的联系。教师和学生都需要在一定社会规律的制约下进行户外运动的教学与学习。在社会学理论的引导下,高校户外运动课程教学可以实现对主体进行社会化教育的目标。

四、户外运动课程教学的管理学基础

在高校户外运动课程教学中,对教学组织的有效管理是整个教学过程顺利进行的基础,这就需要将管理学的理论体系合理地融入到户外运动教学中。例如,教学计划的制订、组织协调、教师的领导力、过程的控制以及团队理论等都属于管理学理论的基本体系。

自从户外运动课程进入高校教育体系后,其融入了大量的管理学知识,如时间管理、目标管理、安全管理等,其重心也从如何快速掌握一门运动技能上升到提升学生的德智体性综合素质的全面发展上。不同的院校根据各

自不同的情况及学生的综合能力和户外运动场地的安全系数等,在课程教学内容和着重点上有所不同,但户外运动所必需的基本管理学知识依然是教学重点。其中,计划能力、决策能力、沟通能力、应变能力等各项管理意识的教育和锻炼,将是高校综合人才培养的关键和重点。

五、户外运动课程教学的学校体育学基础

户外运动课程作为高校体育教育中的一部分,它必须在其教育大前提下发展,不管从教学目标的确立,还是教学组织形式上,都要以学校体育教学的具体情况为前提,实现教学资源的最大化利用。学校体育作为发展学生身心健康的重要手段,其基础理论同样会对户外运动教学产生较大影响,它可以有效引导户外运动教学目标的确立,树立起培养学生积极参与和掌握运动技能学习方法的科学目标,有效促进学生身心健康水平的提高,最终将学生培养成具有较强社会适应能力的高效人才。因此,学校体育学理论中的保健知识、生理健康知识以及具体的课堂组织形式等方面的理论,都可以成为高校户外运动课堂教学的理论基础。

综上所述,高校户外运动课程教学的理论基础内容较为丰富,它包含了几乎所有与户外运动教学内容相关的各种学科理论。高校教师在进行户外运动课程教学时,应严格按照其基础理论的要求来进行教学设计,只有保证整个教学的全面性和针对性,教师才能在教学中做到有的放矢,更加有效地提高学生的户外运动水平。

第四节　高校户外运动类体育课程教学组织与管理

一、高校户外运动类课程教学组织与管理的特征分析

国家体育管理中心将户外运动定义为:"户外运动是一组以自然环境为场地(非专用场地)的带有探险或体验探险性质的体育运动项目群。"可见,户外运动和其他体育运动不同,具有更高的挑战性。因此,高校户外运动类课程教学组织与管理应比其他体育运动课程教学组织与管理具有更高的要求。

从户外运动的生产、发展历程来看,户外运动经历了从流行化到大众化这一发展过程,社会发展的需要是户外运动类体育课程教学组织与管理的重要参考依据。从我国当前高校户外运动类体育课程教学现状来说,户外运动类体育课程教学的组织与管理还处于尝试阶段,很多组织管理方式、方法等都是从传统体育课程教学中挪用过来的,在很长一段时期内,高校户外运动类体育课程教学都将处于探索阶段。当然,要使户外运动类体育课程教学的组织与管理有所突破和创新,就必须抓住当前高校户外运动类体育课程教学中的矛盾,认真分析并逐一进行解决。高校户外运动类体育课程教学中的矛盾主要有以下三个。

(1)师生关系。师生关系是高校户外运动类体育课程中教与学的关系的体系。在高校户外运动类体育课程教学中,小团体教学中,教师对学生的组织和管理非常重要。在教学中,教师必须是教学的引导者,同时突出学生是学习的主体的地位,尊重学生的个体特征,营造良好的课堂教学氛围,正确把握教学尺度,促进师生关系的和谐和融洽。

(2)学生需求。在高校户外运动类体育课程教学过程中,学生的需求是多种多样的,如健身、探险、交往等。就目前我国高校户外运动类体育课程教学的发展形势来看,教师的教学往往是单一的、笼统的,不能充分照顾到每一个学生的运动需求的差异性。此外,由于高校户外运动类体育课程教学刚刚起步,教育经费有限,教学设施不完善,教学场地稀缺,这在很大程度上不利于提高学生学习的积极性与主动性,也不利于教师教学技术水平的正常发挥。

(3)教学内容与课时矛盾。户外运动被纳入高校体育教学的时间不是很长,有很大一部分户外运动是新兴的运动(如攀岩、轮滑、漂流、溪降、定向运动等),因此,不仅学生投入到高校户外运动类体育课程中需要一定的适应时间,教师组织和管理教学也需要一定的准备时间。在课程教学设置上,通常一节体育课的时间为 90 分钟,在这么短的时间内,教师不光要进行户外运动的理论教学,还要组织学生进行实践活动,因此,这种教学显然不能满足教师和学生的需要。要解决这一矛盾,学校可以尝试课程时间的改革,教师在选择教学内容时应该结合实际,使教师能在有限时间里完成教学任务。①

---

① 孙镭. 高校户外运动类体育课的组织与管理研究. 赤峰学院学报,2010,26(02)

二、高校户外运动类课程教学组织与管理的过程实施

(一)高校户外运动类课程教学体系构建

1. 户外运动类体育课程教学体系设置的指导思想

(1)高校户外运动类体育课程的教学内容、教学目的、教学时数应符合教学大纲的要求。

(2)高校户外运动类体育课程教学内容的选择应能反映各个户外运动项目的特点、技术、技能。

(3)高校户外运动的理论教学中,教师应以学生为主体,充分调动学生对教学内容的兴趣,促进学生自觉学习的习惯。

(4)高校户外运动类体育课程的设置应符合各个院校的教学实际,以便于教学活动的开展。

2. 户外运动类体育课程教学体系构建的基本目的

(1)充分贯彻落实党的教育方针。

(2)实现我国教育部颁布的学校课程目标要求。

(3)以人为本,通过户外运动的教学,充分利用大自然丰富的资源,将体育课堂拓展到户外,使学生充分享受自然的空气、阳光、江河、湖海、沙滩、森林、田野、草原等。

(4)促进高校互动式教学模式的实施,培养学生的实践能力和团队精神。

(5)使学生掌握户外运动的基本知识和技术技能,提高学生的户外运动能力。

(二)高校户外运动类课程教学的内容与结构

在高校,户外运动课具体是指充分利用自然环境,以户外运动项目群的基本知识、技术、技能为主要教学内容,培养学生参与户外运动及相关竞赛能力(包括身体素质、心理素质和户外适应能力)的课堂教学。[1] 目前,国家

---

① 杨汉,董范,郑超,童德卿,胡凯. 高校体育课程——户外运动教学体系的研究. 北京体育大学学报,2005,28(06)

登山运动管理中心将户外运动分为陆地、水上、空中三大类。其中,陆地户外运动具体是指在陆地区域(包括山地、海岛、荒漠、高原)地面进行的户外活动(表2-6)。我国高校开展比较广泛的户外运动主要是陆地户外运动中的一部分。

表2-6 陆地户外运动主要内容

大项	系列	具体项目
山地户外	丛林系列	定位与定向、丛林穿越、宿营、觅食、联络、急救、紧急求援
	峡谷系列	溯溪、溪降、搭索过涧、漂流
	岩壁系列	攀岩、岩降等
	洞穴系列	洞穴探险
荒漠户外	荒原系列	穿越项目、生存项目等
	戈壁系列	戈壁穿越、生存等
	沙漠系列	沙漠穿越、生存
海岛户外	荒岛生存系列	觅食(水)、海水淡化、宿营、联络、求援等
	滩涂系列	滑沙、沙地上升器拔河、结绳负重等
	峭壁系列	海上攀岩、悬崖跳伞、溜索等
	水域系列	水筏环岛、水中滚木等
高原户外	高山探险	登山、高山滑雪等
	高原探险	高原徒步、峡谷穿越、大江大河源头探险等

(内容来源:国家登山运动管理中心)

在高校户外运动类课程教学中,单个户外运动项目的教学内容主要涉及以下几个方面。

(1)户外运动项目的理论教学。在该部分教学中,教师应充分利用教学条件,通过讲解、示范、观看技术图片、录像等教法手段,使学生对具体的户外运动项目有一个基本的了解和认识。如在教学中,教师应对户外运动概论、技能技巧、饮食卫生、户外医学、危险因素、自救求救等基本知识进行详细、系统的介绍,使学生能熟练地掌握。

(2)户外运动项目的实践教学。在该部分教学中,教师应重点培养学生的创新精神、实践操作能力和户外应变能力,重视对学生在认识、理解和操作中出现的错误及时纠正。

（3）户外运动项目的综合训练。在教学中，教师应以互动教学为主，重视对学生的指导，以小组教学和训练的形式，提高学生的身体素质、心理素质和适应能力。综合训练作为户外运动类课程的延伸，多安排在周末或假期进行，训练场地应选择复杂多变的山区或自然水域。在训练基地中，组织学生进行攀岩、速降、溯溪、滑冰、漂流、搭绳过涧、丛林穿越、修建营地、野外觅食、埋锅造饭等生存与技术的训练。训练过程中，应注重培养学生的环保意识、注重学生在训练中的安全教育。

（三）高校户外运动类课程教学的准备及注意事项

1. 高校户外运动类体育课程教学的教学准备

（1）将一学期的户外运动课程安排好。

（2）通过校内媒体公布户外运动课程安排，并介绍户外运动课程教学的内容及管理办法。

（3）组织学生以选项课或选修课的形式报名学习。

（4）整合学校教学资源，对报名的学生进行管理，以班为单位组织教学，每班人数在 30 人左右。

2. 高校户外运动类体育课程教学的注意事项

（1）教学内容，即户外运动项目的选择应符合本校的实际情况，在本校教学条件范围内组织教学。

（2）教学中，应有专门的教师负责教学中紧急情况的处理，确保学生在教学中的训练安全。

（3）从理论上来讲，户外运动的生活训练应风雨无阻，但可根据具体情况适当进行调整。

（四）高校户外运动类课程教学的考核

高校户外运动类体育课程教学的考核内容应该包括理论考核、实践操作考核、野外生存生活综合评定。[①] 考核比例和考核内容可参考表 2-7。

---

① 杨汉，董范，郑超，童德卿，胡凯．高校体育课程——户外运动教学体系的研究．北京体育大学学报，2005，28（06）

表 2-7　高校户外运动类体育课程教学考核

考核项	考核比例	考核内容
理论考核	占总成绩的30%	所学过的户外运动知识
实践操作考核	占总成绩的20%	所学过的技能技巧,抽签考核一种
野外生存生活综合评定	占总成绩的50%	教师根据同学在户外的表现(吃苦耐劳、互相帮助、团队精神、技能技巧的掌握情况)进行综合评定

三、高校户外运动类课程教学组织与管理的发展趋势

(一)户外运动的"小团体"教学

户外运动项目的运动特点决定了户外运动的教学模式。由于户外运动多是集体合作项目,因此,在高校户外运动类课程教学中,教师应以小组为单位进行教学,重视学生"小团体"的培养,使学生在合作学习过程中充分理解和掌握户外运动项目所要求的运动技术和技能,使学生学会合作和创新,在充分发挥主观能动性的基础上,最大限度地发挥集体优势。实践证明,高校户外运动类课程的"小团体"教学是成功的,体现了高校体育教学"以人为本"的教学理念,强调"以学生为中心"科学组织教学,突出了高校户外运动类体育课程教学组织与管理形式的人性化特点。

(二)户外运动的选项制和俱乐部制

目前,我国高校户外运动类体育课程教学以选项教学为主,就我国高校体育教育的发展趋势来看,选项制教学还将持续较长的一段时间,选项制占主流,是高校户外运动类课程教学组织管理发展的趋势。

另外,由于户外运动的特殊性,基础班的教学模式显然不能满足教师和学生的需要,这就决定了高校户外运动教学必然向着多元化的方向发展。而在教学实践尝试中,"俱乐部制"教学形式比较适应户外运动的教学与训练,同时也有利于教学过程的组织与管理。因此,户外运动的俱乐部制也是高校户外运动类课程教学的主要发展方向之一。

第三章　高校户外拓展训练课程教学研究

　　大学拓展训练由实践开始,通过实践促发思考和感悟,以"先行"引出"后知",这与传统的教学方式略有不同,它以体验式教学的方法让广大学生们在轻松、快乐的氛围中挖掘自己的潜能,培养创新精神和实践能力,领悟到更多深刻的道理。

　　拓展训练这种新的教育方式符合当前教育改革和素质教育的指导思想,对推动传统教育模式的改革与大学生整体素质的提高具有重要意义。

第一节　拓展训练概述

一、拓展训练的起源与发展

(一)拓展训练的起源

　　拓展训练,也被称为外展训练。它的诞生与欧美盛行的 Outward Bound(简称 OB)教育模式有着直接联系。Outward Bound 在我国香港地区的分支机构叫做"外展训练",受其影响,并在其中文名字的启发下,诞生了"拓展训练"这一名称。在课程模式上,拓展训练参照了以 Outward Bound 为基础发展起来的 Project Adventure 教育模式,在模拟自然环境的情况下,降低活动风险,体验经过设计的户外活动项目,最终形成了具有中国特色的体验学习体系。

　　有关资料显示,拓展训练最早起源于 20 世纪 40 年代的第二次世界大战期间。当时盟军征集了数十条商船,成立了"大西洋商务船队"参与后勤补给的运输。由于德国军队常常派出"海狼"潜艇集群在大西洋上进行拦截,导致大西洋商务船队屡遭德国人袭击,许多年轻的海员葬身海底。

但奇怪的是,尽管造成了大量人员伤亡,仍然有一些人活了下来。后来通过调查研究,从生还者身上发现,他们并不一定都是体能最好的人,但却都是求生意志最顽强的人。

于是曾经执教于德国和英国的私立学校的哈恩(Hahn)等人创办了"阿伯德威海上学校",以训练年轻海员在海上的生存能力和船触礁后的生存技巧。其实,在第二次世界大战前,哈恩在担任德国南方塞兰学校校长期间,就已经实践了拓展训练的教育方法。

身为犹太人的哈恩此后从德国移居到英国去继续进行他的研究。第二次世界大战结束后,"阿伯德威海上学校"也失去了其应有的功能,但是当时的一些组织行为学家和教育家却从这所学校的训练模式里得到启发。

他们认为,随着社会的进步,当人类进入工业化社会后,很多管理者在面对飞快的工作节奏和复杂的人际关系时,往往会造成思想保守、情绪焦虑、精神压抑,他们中的一些人由于承受不了压力往往会做出极端的举动。这种现象将会给企业和个人带来较大损失。于是在英国慢慢形成了以培训管理者和企业人为对象、以培训管理者的心理适应能力和管理技能为培训目标的学校。在这类学校中,拓展训练原型的独特创意和训练方式再次受到人们的审视,并逐渐被推广开来,训练对象也由海员扩大到军人、学生、工商业人员等众多群体。其训练目标则由单纯体能、生存训练扩展到心理训练、人格训练、管理训练等多个方面。拓展训练从此在世界范围内逐渐开展起来。

(二)拓展训练的发展

1. 世界拓展训练的发展

第二次世界大战结束后,Outward Bound 学校发展的规模越来越大。学员已经涵盖海员、学徒、警察、消防员以及军校学员等多个群体。1946 年 Outward Bound 信托基金会(Outward Bound Trust)在英国成立,其目的是推广 Outward Bound 理念并且筹集资金创办新的 Outward Bound 学校,Outward Bound 信托基金会拥有 Outward Bound 的商标,掌握着该商标使用许可证的发放。

1962 年曾在戈登思陶恩任教的美国人乔什·曼纳成立了科罗拉多 Outward Bound 学校,并于 1963 年正式从 Outward Bound 信托基金会获得了许可证书。1964 年 1 月 9 日,组成 Outward Bound 法人组织的文件在美国起草,随后的数年间,Outward Bound 学校在世界各地不断成立,实践着 Outward Bound 理念。Outward Bound 组织也逐渐发展成为 Outward

Bound 国际组织（Outward Bound International Inc. 简称 OBI），目前其办公地点设在美国犹他州的德雷伯市。

目前，Outward Bound 国际组织下属的 Outward Bound School（简称 OBS）已经在世界各地创办了几十所分校，这些分校大都秉承了哈恩的教育理念，受训人员涵盖学生、教师、家长、企业员工和各级管理人员等。

得到认可后的 Outward Bound，也逐渐受到教育系统人士的关注，一些教师和学生还参加了体验活动，此后主流教育学校和 Outward Bound School 进行了各领域的合作，其中有段时间 Outward Bound School 还在普通学校中设立了一些分支机构，并被称为"学校中的学校"。此时，Outward Bound 在众多教学研究人员的关注与研究下，理论不断丰富，课程体系日趋完善，同时将它的学习规律回归到体验式学习，在不同领域和其他学科内大胆进行结合与使用，取得了良好效果。

在对 Outward Bound 的研究与运用中，以其为基础产生了诸多衍生课程，其中尤以 PA、EL 外展训练和以问题为本的学习 PBL 等影响力较大，这些课程在得到认可的同时，也得到一些国家教育机构的帮助。

在实践推广的同时，一些研究论文与专著得以大量出现，相关的理论研究水平也得到了较大发展，使其获得了更多的理论支持。特别是，Outward Bound 还促成了户外体验式教育这一领域的兴起，其也是我国体验式教育和拓展训练兴起的根源。

在亚洲地区，新加坡是最早建立 Outward Bound 学校的国家，随后这种体验式教育的课程模式先后被引进中国香港、日本等地。由于其适应了目前这一时期对完善人格、提高素质和回归自然的需要，使得成千上万的人参与其中，一同感受 Outward Bound 带来的令人震撼的学习效果，同时参加此类课程也成为现代人生活的新时尚，且有不断升温的趋势。

2. 我国拓展训练的发展

1970 年，香港地区外展训练学校成立，这是我国第一个加入 Outward Bound 国际组织的专业培训机构。1999 年，香港外展训练学校在广东肇庆建立了外展训练基地，成为该训练组织下属的国内第一个培训基地。

在我国大陆地区最早开始在国内开展课程的培训机构是"北京拓展训练学校"，其于 1995 年整合改造后以"拓展训练"命名的体验教育模式进入中国。经过近 20 年的发展，当初的北京拓展训练学校已发展为拥有十几家分支机构和数十个拓展培训基地的教育集团。

在很短时间里，拓展训练在培训领域引起了前所未有的震撼，其培训机构更是如雨后春笋般广泛出现在全国各地。目前，在我国国内，比较正规且形成规模的拓展训练培训机构已达三四百家,而参与其中组织拓展训练或"类拓展训练"的各机构,涉及培训学校、户外运动俱乐部、管理咨询公司等千余家,在过去的几年中,它们都对拓展训练的推广与发展作了重要贡献。随着国内拓展训练的普及,参训单位也由最初的外企、MBA 学生发展到国企、事业单位,参训学员从高层领导到普通员工,都融入了培训机构。

自 1995 年我国开始引入拓展训练开始,IBM、惠普、柯达、通用电器、摩托罗拉、诺基亚、索尼爱立信等隶属于世界 500 强的跨国公司都开始定期对员工进行这种培训。在国内,以联想集团、清华紫光、北大方正、海尔为首的诸多企业也都把这种较为新颖、有趣的培训课程作为员工教育的必修课。现今在我国,参加拓展训练的人数仍在不断增加,不仅是企事业单位的培训,还有许许多多以休闲娱乐为目的的各个年龄段的人们来参与,估计全国每年参加的人数不少于 30 万天人(天人是拓展培训中常用的计数方式,即人数与天数的乘积)。

1999 年,我国高等学府清华大学率先将体验式培训引入到 MBA、EMBA 的教学体系中。后来,北京大学光华管理学院、中山大学岭南学院、中欧国际工商学院、中国工商管理学院、浙江大学、暨南大学等学校的MBA、EMBA 教育中也开始把拓展训练作为指定课程内容教授。

近几年,拓展训练课程展现出了更多的多元化、综合化的发展趋势,活动内容和方法也在日益丰富和创新。但主要还是以拓展训练经典的活动项目为主体,结合野外活动和室内活动项目,甚至在其他培训活动中,或旅游团体活动、年会中穿插拓展训练方式化的游戏。在这种不断变化、发展和创新的过程中,活动的控制与期望达到的效果难度增大,如果此时慢慢忽视了拓展训练的课程实施过程,不能良好把握的话,则可能会偏离活动的初衷,也就不能达到拓展训练的效果了。而且这项运动的快速发展也随之引出了一些问题,宝贵的商机和广阔的前景使以举办拓展训练为主的培训机构如雨后春笋般萌生,为了经济利益的最大化,许多培训机构在举办这种培训的时候并没有获得相应的资质证书,造成培训机构水平高低不均,培训资质"鱼目混珠"的现象;缺乏培训资质的培训师在培训中"滥竽充数"。

随着拓展训练的不断发展和行业的逐渐完善,中国的拓展训练也必将会向提高和普及两个方向发展。对于拓展训练的开展,相关部门应该本着"两手抓"的宗旨,"一手抓提高,一手抓普及"。在现阶段,那些通过拓展训练积累了大量资本的、具有实力的公司或拓展训练学校有义务为拓展训练的发展和创新而努力。同时学校的教育系统和各类教学研究机构也需要努力通过完善与提高,加强与国外相关机构的合作,将拓展训练在校园体育文化生活层次上再度登上一级台阶。对于拓展训练的普及工作,教育系统的教学机构和各种经营多年没有发展壮大的培训公司与一些新入行者,以及民间爱好者的各种协会和社团群体,其作用不可小视,这对拓展训练在普通人群中的认知和学习,是极其重要的。

二、拓展训练的特点

拓展训练是一种通过亲身体验,并在体验后获得感悟、震撼后所形成的理念,是对传统教育的补充和提炼,而并非仅仅是一种游戏。其最显著的特点是体验和感悟,即参与者在体验中感悟许多人生哲理,这也是拓展训练区别于其他培训方式的最根本的特征。拓展训练的特点主要有以下几个方面。

(一)亲身体验的直接性

1. 一般体验的直接性

认识世界、获取知识可以采用间接或直接的途径,但不同的学习方式所获得的内容和结果是不同的。传统教育突出理论方面的知识教育,更加注重对原有知识体系的了解和继承,强调已有知识的掌握水平。拓展训练提倡引导参与者探索和发现真理,追求真理的顽强精神,直接感受事物的发现和发展过程,在实践中直接体验学习的价值,有利于培养参与者的探究能力,扩展参与者的学习空间。

2. 高峰体验的直接性

"高峰体验"在拓展训练中的定义是:积累进行着某种技能学习或进行某种活动的努力过程中所获得的最高的体验。马斯洛(A. Msalow)在以心理健康的人为研究对象时,称"最满足、最幸福的瞬间为高峰体验"。这种"高峰体验"不仅是人的最高幸福时刻,而且还带来个人对存在价值的领悟以及自我同一性的发现。马斯洛曾向被试者询问"高峰体验"的感觉时,基于被试者的回答多是"自己认识了自己"、"在自己身上寻找到自信"等,所以,马斯洛把高峰体验称为最肯定自我的一种体验,并认为人是可以多次达到这种高峰体验的感受的。

参与拓展训练活动使人会突然感觉到自信,对自己充满信心。这样具有积极意义的、愉快的瞬间被人们称为"最积极的体验和最强烈的自我认证体验"。指导者或团队都可以以此作为目标,而且高峰体验可以使每个参加者有机会去拥有自信,在强化每个成员和团队之间联系的同时,高峰体验也称为最有效的治疗与培养的过程。

综合拓展训练的过程和高峰体验的效果,可以发现人的性格也可以随着进行拓展训练发生一定的改变。通过参加者们强烈的体验,使他们在不知不觉间掌握了平时也许并不容易感悟的道理以及生存所需要的智慧,再加上瞬间的高峰体验使他们瞬间回味到了有生以来的成就与失败。

(二)培养习惯的自觉性

个性是普遍的,没有个性就没有共性。个性是一个人在先天生理条件和后天环境的作用下,通过人的自身感悟和社会实践而形成的专属于个人本我的心理特征和行为特征,它的本质特征就是创造性、积极性和独立性。个性形成与先天因素的作用和后天环境的影响有关。

人主观方面的精神、态度、情感、价值观在有些时候比能力、技术和知识更加重要。因为知识、能力和技术依靠后天的训练或多或少都可以得到提高,但精神、态度、情感和价值观的培养只能依靠从小开始的、积极的、正面的、不间断的长期教育才能慢慢养成。拓展训练以教育为前提,以尊重学员的学习方式和活动过程为准则,鼓励学员自主选择、自主学习、自主评价,对结果不设定统一的标准和目标,鼓励学员在与他人交流的基础上养成、完善现代人的世界观。

(三)学习程序的独特性

拓展训练与以往的学科教学不同,它是一种独特的"先行后知"的教学程序,正是基于这种独特的学习程序,所以这种训练的学习程序一般可分为前期分析→课程设计→场景布置→挑战体验→分享回顾→引导总结→提升心智→改变行为。这八项环节中的每一项都是层层递进、相互渗透的关系。通过这一程序,参与者可将拓展训练中的理念内化,并在实际的工作和生活中受益。

(四)学习意识的自主性

传统学科教育是以知识体系为中心,以教师为知识的传播人,教师具有极大的权威。而学员是以被动继承的方式接受知识,这样的学习模式往往使获得知识的一方失去主动学习的权利和机会。现代社会的发展更加重视人才的作用,而将人才视为"人手"或"工具"已经越来越少,人的个性的充分发展是现代人成"才"的前提。因此,拓展训练将学员置于教育过程的中心,为其自主学习提供时间和空间、机会和权力,使人的个性充分发展。

(五)学习方式的高效性

通过不断的实践和研究,可以得出人对于信息的接受多少与接收信息的方式有关,例如通过阅读的方式可以获取 10% 的信息;通过聆听的方式可以获取 20% 的信息;而通过经历过的事,可以获取 80% 的信息。由此可以看出,通过亲身经历,可以最大化地有效获取信息,使信息在大脑中产生深刻的记忆。拓展训练就是在培训师的指导下,通过亲身的经历提高认识、提升团队的先行后知的训练,彻底改变了传统的在教室里灌输式的学习方式,由表 3-1 可以看出这种体验式的学习是学习方式的一次重大变革。传统的学习方式与体验学习方式的区别如表 3-1 所示。

表 3-1　传统的学习方式与体验学习方式的区别

内容	传统学习方式	体验式学习
以谁为中心	教师	学员
学什么	过去的知识	即时的感悟
怎样学	模仿	体验
注重培养哪些方面	知识、技术、技能	观念、态度
哪些感官参与学习	视觉、听觉	所有感官
教师(培训师)作用	传道授业解惑	引导
教师(培训师)表现	积极	低调
学习内容的载体	单调的书本	丰富的活动
学习内容的特点	理论化	现实化
学习内容的设计	标准化	个性化
学习程序的特点	先知后行	先行后知
学习方式的特点	强调识记	强调做中学
学习地点	以教室为主	以户外为主
评价方式	考试	多元评价
评价侧重点	结果	过程

(六)亲近自然的感悟性

1. 自然的心态

拓展培训中的许多项目都是将场景布置在大自然的环境中,在这种培训环境中传授技能与知识并不是最重要的,重要的是以此能够获得一种自然的心态去面对那些不那么容易面对的事。

2. 自然之道

大自然的生态系统是世界上最复杂、最平衡、最适于发展的系统,置身于此参与训练将会使人感受其中的规律并应用于实践,这正是人们在日常生活中处理问题的最高境界。

3. 自然地学习

将大部分培训课程安排在风景宜人的大自然中进行,使学员能够在充分放松、开放、善于接纳的状态下主动而有效地学习。

4. 智慧共享

知识和经验凝聚而成的智慧是人最宝贵的财富。然而,有智慧的个体组成的团队,往往并没有表现出多高的"智慧"——经验不能有效传递,团队总是重复着自己的错误,对事物的判断常常陷入不同观点的争论,却无法做出正确的选择。

5. 共同经历与隔离环境

生活是由经历组成的,我们的生活都来源于我们的经历,远离了日常工作环境的共同经历是一个理想的方法。拓展团队成员使他们有效沟通、理解同伴的需求,并且共同努力去达到一个共同的目标。

现代社会已经走进了一个团队英雄主义的时代,在这样一种人际高度互动的社会中,如何将团队的整体优势发挥出来以及如何让团队内部的人各取所长、优势互补,就成了管理人员需要动脑筋解决的问题了。在这个快节奏,工作分工细,工作压力大的竞争环境中,人与人的情感交流变得越来越困难,人际间充满了很多嫉妒、紧张、焦虑等消极元素。尤其是现代的企业、事业单位,他们的工作任务繁重,对于组建工作团队有着极大的期望。拓展训练正是融合了高挑战及低挑战的双重元素,它秉承强调感受式学习,不只是在课堂上听讲。让学员在个人和团队的层面,都可透过训练时使他们的领导才华、沟通能力、面对逆境的能力得到提升。众所周知,当我们不了解其他人的感受时,即使我们有很好的见解,我们也很难说服他人,拓展训练正是一种典型的户外体验式培训。

拓展训练具有的既安全又有趣的训练方式易于被学员接受。拓展训练的最终目的,是让学员将培训活动中的所得应用到工作中去。虽然训练的方式和内容比较有趣,但这毕竟不是一项游戏,如果缺乏专业教师的指导及意见,则很难达到理想的效果。人们普遍认为,只有通过各种课堂式的灌输法才能掌握新知识和新技能。其实,知识和技能作为可衡量的资本固然重要,而人的主观意志和精神力作为一种无形的力量,往往在关键时刻更能起到更加重要的作用。所以拓展训练的意义就在于发掘每个人的最大潜力,并将这种潜力融合、统一、整合为团队的力量。

第二节　高校拓展训练课程体系

一、高校拓展训练的活动层次

在实施拓展训练的课程活动中,为了便于训练指导员合理安排选择的项目,可以根据项目的活动方式、学生在项目中的角色认定以及项目对学生的培养目的等方面,对每一个项目进行评估,并将项目划分在五个应用层次里。这五个层次的划分具体如下。

(1)层次一:理论学习部分,可在室内进行。

这一层次的教学会在开始前,将学员集中在指定地点(教室或会议室中),完成拓展训练课程的开始部分,这一部分课程包括以下内容。

介绍拓展训练的基本理论和相关知识。

介绍拓展训练完成任务所应具备的技能。

介绍拓展训练活动中所应注意的事项与安全规范。

介绍拓展训练活动的模式及分享回顾时的形式。

介绍拓展训练课程中团队成员各自的存在意义。

介绍分析可能遇到的困难以及使用何种心态面对。

有时候,会插入一些理论知识学习,包括团队建设、管理技巧、个人沟通与职业素养或专题讲座等。

项目范例:沟通学习、破冰课等。

(2)层次二:较低风险的户外活动项目,在团队的支持下,以个人挑战为主的项目。

强调使用积极心态参与行动项目。

感受在队友间的互相支持下接受挑战。

加强人的自信和人与人互信的培养。

项目范例:高台演讲、背身倒下、信任跳水等。

(3)层次三:较低风险的户外活动项目,以团队挑战为主。

树立团队共同面对困难与战胜困难的信心。

加强团队内部的有效沟通。

加强所有团队中成员之间的合作意识与合作方法。

明确分工与领导产生在团队中的作用。

了解个体决策、专家意见与群策结果的差异。

关于层级管理、领导授权、监督机制、时间统筹的学习等。

项目范例:数字传递、求生电网、盲人方阵等。

(4)层次四:较高风险的户外活动项目。在团队的共同参与下,激发个人潜能。可选择对个体心理冲击力较大的项目。

使个体了解在团队中存在的作用。

理解自己在团队中与他人的关系,懂得个体逃避困难将使团队受挫的道理。

改变一个角度重新审视自己的能力与潜力。

培养自立自强、勇敢面对困难与战胜困难的决心。

培养遇到困难时的自我说服能力和坚强的意志。

增强自我激励与对他人的激励能力。

体验成功的快乐,并且能与别人分享这种快乐。

合理地树立榜样以及效仿榜样。

认同在同一现实面前有不同认知,并能求同存异地看待问题。

保护、帮助、信任队友。

项目范例:信任背摔、高空断桥、空中单杠等。

(5)层次五:较高风险的户外活动项目,以团队为单位接受挑战。

培养良好的人际关系。

培养团队意识与团队合作精神。

培养团队中人与人的信任。

提高团队工作效率,营造和谐环境。

培养团队内部学习与互助的能力。

对团队良性发展的及时肯定与认知等。

项目范例:求生墙。

虽然这些活动项目有五个层次之分,但它们之间并没有优劣之分,而是这些项目在活动的性质上对一些特别需要提高的能力或意识上有一定的针对性。在安排课程时,不同发展时期的团队,接受挑战与完成任务所产生的结果也许会不尽相同,甚至也有可能产生相悖的情况。这就要求在选择项目前要及时了解个人或团队在当时的挑战能力,活动项目进行合理的设置与调配,这样至少可以使安全隐患降低,也有利于最终的培养目标。

二、高校拓展训练的课程分类

高校拓展训练课程的种类和项目很多,根据不同的方面考虑,可以有以下几种分类的方法。

(1)根据课程时间的周期长短可以分为:长期课程和短期课程。

(2)根据课程组织季节的不同可以分为:冬季课程和夏季课程。

(3)根据学生的性别组成可以分为:男子课程、女子课程、男女混合课程。

(4)根据课程的开展地点可以分为:户外课程、室内课程和特殊场地课程。

(5)根据课程的训练目的可以分为:激励课程、解压课程、创新课程、社交课程、团队课程等。

(6)根据项目的性质可以分为:野外课程、高山课程、极地课程、水上课程和场地课程等。在这些课程里,水上课程主要包括:扎筏、漂浮、跳水、划艇、浮潜等;野外课程包括:远足、登山攀岩、野外定向、露营、溶洞探险、伞翼滑翔、户外生存技能等;场地课程是在专门的训练场地上,利用各种训练设施,如高台跳水、高架绳网等,开展各类团队组合课程及攀岩、跳跃等心理训练活动。

三、高校拓展训练的项目取舍

目前我国有些高校尽管开设了拓展训练课,但并未准备或完善好与之相配套的训练设施,仅仅是在部分体育的内容课里加入了一些拓展的理念,或者通过与高校定向运动等活动相结合的方式,做一些简单的地面项目。对于硬件建设方面,大多数高校对于拓展训练课程的设置几乎主要都以场地训练项目为主,因为场地训练的形式多样,组织便捷,对器材和设备的要求不高。只有一些有条件的少数学校,为拓展训练专门搭建了可以进行高空项目的训练架。

高校在设计拓展训练课的项目前就应该考虑好诸如学生参加哪类项目、从什么角度总结分享、引申出哪些知识要点等问题。对于拓展培训来讲,选择正确恰当的课程项目至关重要,关于高校拓展培训项目的取舍原则,大致由以下几方面的因素决定。

(1)学校有支持训练的软硬件条件的课程体系。包括具体的活动项目内容。

(2)课程内容的难易程度与风险评估。在活动前必要的安全保护策略和应急处理机制也是训练项目的取舍所必须考虑的因素。

(3)确定组织拓展训练的时间。包括训练时段、训练天数、训练季节,这对于课程的具体实施非常关键。

(4)训练课程的教育目的。教师在带领学生完成训练任务后,为避免拓展训练变成简单的游戏,就要重视对所开展的项目活动进行总结和提炼,使得训练本身能够更好地实现教育目的。这需要拓展教师提前备课与"预演",否则学生即使体验了各类惊险刺激的挑战项目,也不能从中获益。

(5)学生的接受能力。由于一些训练内容有一定的惊险性,所以就要求教师在选择内容之前要先调查学生的身体状况(是否有恐高症等症状),还包括对拓展教师的经验和能力的调查。

(6)学生的专业方向。如果是沟通类课程和培养团队精神的课程,学生间专业背景的不同则更加有利于课程的实施。若如果是主题较为明确的课程,那么在选择项目的时候最好因材施教地选择那些与主体参训学生相符的内容。如对公关传播专业类学生的团队协作和交流课程就应具有很强的针对性,避免"一刀切"的方式用同一套课程教育不同需求的学生。

(7)拓展训练教师的能力。同样一套课程内容在不同拓展教师的引导下,可以给学生引申出不同的意义,收获不同的主题感悟,产生不同的心理体验。例如"高空抓杠"可以引申为在生活与工作中,有了机会就要尽力争取不放过,也可以理解为勇于自我突破,克服一切难题。

由此可见,尽管课程项目是固定的,但通过拓展教师有力的引导,也可以产生事半功倍的效果。相反,拓展教师的引导回顾能力有限,无论课程项目的取舍多么合理得当,也不能达到理想的效果。

(8)场地合作方的选择。目前大多数高校对于拓展训练的场地与设施多是与校外的拓展训练基地合作或以租赁的形式获得。这就需要充分考虑训练基地的周边环境、地理位置、场地设施等详细情况进行取舍。拓展训练以其接触自然的特点一般会将训练场地选在风景优美的地方。但如果经费有限,选择有特色、设施普通的基地也可以;如果是时间较短的课程,选择距离较近的基地为佳。

(9)确定具体项目和替代项目。要针对培训目的对项目选择进行合理设计、巧妙组合。最好在确定了主要项目后再考虑一套替代项目,以应对可能因受不可抗因素的影响而无法实行主要项目的情况。

第三节　高校拓展训练教学模式

拓展训练课程是由多个针对不同训练目的的项目组成,这些项目的使用按照不同的训练目的进行排列组合,安排项目顺序也尽量按照循序渐进、因势利导的原则来进行。

一般来说,课程模式主要包括:前期分析→课程设计→场景布置→挑战体验→分享回顾→引导总结→提升心智→改变行为。

一、前期分析

不同行业、不同环境、不同领导风格的参训群体有不同的特征,不同性别、不同民族、不同年龄层次的学员在培训活动中也会有不同表现,因此,课程设计的优劣以及其后的一系列环节,能否有好的效果,都和对参训群体的前期分析有密切关系。对于同在一家公司的不同员工群体,也会有不同的差别,对此要有足够的了解。另外,对于一个准备参训的团体,努力了解他们的行业特征以及换位思考他们想要的培训结果,这是一种负责的态度,也是培训机构必须要做的。可以说,前期的分析对于课程其后的各个环节有着非常重要的作用。

由此可见,前期分析是对参训群体的组织结构、学员特征与培训目标等进行细致分析,以此为依据进行培训安排。

二、课程设计

课程设计是依据对参训群体的特征与需求进行调查分析,制定出尽可能满足学员要求与最能表现训练结果的课程。

课程设计要以整个团队的学习目标为主旨,课程项目要有针对性;如果学员人数较多,需要由多位老师带领多个小组活动时,这时一定不要忽视让每位拓展教师都了解清楚此次培训目的;主要项目的活动安排应该有相同的基调,要设计好项目与场地的轮换顺序;设计课程时必须了解拓展教师对于课程顺序的偏好与调节能力。课程设计流程如表3-2所示。

表 3-2　课程设计流程表

步骤	内容
第一步	填写拓展训练专业调查问卷。这个问卷专为拓展训练项目设计,根据参考群体目前表现出的一些现象的倾向性调查,对参训学生的年龄、学历、参训需求等情况进行统计,综合评估这个群体的现状
第二步	根据问卷反馈的情况,由拓展教师对该群体的现状及需要解决的问题通过课程方案的形式给出解决方案
第三步	由拓展教师与参训的代表进行面谈,以进一步确认课程需求、方案细节、其他操作细节等事项
第四步	确定方案,前期周密准备工作,包括器材的准备、拓展教师的安排、行程计划等细节筹划

关于高校拓展训练课程设计方面的内容,还有以下几方面需要在实践活动中注意一下。

(1)对于人数较多,需要将一个整体分为若干个小组同时训练的情况来说,分组就显得至关重要了,这项工作在训练前期就应该与委托方进行充分的沟通,或是在学校班级集合报到前做好准备,一般不鼓励学生总是选择自己熟悉的人组成一组,所以建议不要总是让学员自己选择伙伴来组建团队,团队的建设不光是小团体成员之间的亲密无间,更应充分发挥组织技巧、尽量鼓励不同熟悉程度的学生的融合。通过对团队人员的组织安排,让相熟度不同的学生面对共同的困难并逐步形成统一的信念,最终一起闯过“难关”,这不仅能增强学生间的了解,甚至可以使平日素不相识或互相敌视的人在活动结束后成为伙伴。

一般总人数按每队12～16人随机分开,即可以确定总队数 n,将男生分别按1～n(队数)报数,女生分别按(队数)n～1 报数,这样可以保证各队总人数尽量相同。然后将报相同数字的人分为一队,数一的为一队,数二的为二队,依此类推。这种方法虽然简单,但经常会出现学员忘记自己的数字或进入好友数字的队伍。在实践中,经常是当学员在进入“破冰课”课堂时,发给他们一张有标志的卡片,卡片的标志种类数量由组数决定,各种卡总数由每组的人数决定,男女分开,保证同样的组数即可。

（2）就拓展教师来说，要面对的学员群体多种多样，有普通学生、管理课程班、企业职工或事业单位人员，不同的群体拥有多样的群体特征，个别人还会有他们特殊的愿望与需求。所以只掌握一套教学语言或教学课程是远远不够的，它不能解决所有群体的问题和需求，同时也不要指望学员永远和教师有着同样的需求。拓展教师应充分利用业余时间多读书、多充电，与各行各业的人群交流和沟通，了解各种群体的特征与需求，这样才能在面对各种群体时应对自如，准备充分。

（3）课程设计的步骤可根据实际情况来选择，例如学生来自同一班级或同一个学系，那么他们之间的彼此相熟度较高，可以跳过"破冰课"等意图打破生疏的内容。如果是相熟度不高的人在一起，原则上比较理想的顺序是以"破冰课"类开始，首先介绍拓展训练的常识与学习目的，然后安排一个小的项目，让学员感受"体验式学习"与传统学习方式的不同。当然尽快让小队的成员熟悉起来是"破冰课"的重要内容，安排一些消除拘谨的项目，鼓励小组做一些突破常规的事情，这些小活动在很短的时间内就能打破"坚冰"，至少能使拓展教师与学员间不再那么隔阂。

三、场景布置

场景布置是按照活动项目的内容特点，合理利用活动环境，准确地布置所需器材，使其具有项目要表达的真实性。场景布置也包括拓展教师布课时所描述的情境。

为避免浪费时间，教师最好不要当着学员的面布置课程用具或检查器械，这类工作应在课程进行之前完成。课堂上布置用具会使课程的连续性受到影响，也会造成在布课过程中一些设施过早展现在学员眼前让人有种提前"泄露机密"的感觉。

根据一些场景的需要，拓展训练课程经常需要一些特殊的道具，比如会让学员戴上一个"眼罩"以模拟黑夜的环境或人眼睛受伤后失明、对现状无所了解等情境，使其更加真实地感受当时的状况。此时眼罩的使用时间、使用时机对于完成任务起着至关重要的作用。

有些项目要求完成的精细，选用的器械与道具显得尤为重要。如在鸡蛋保卫战项目中，生鸡蛋就是其中的一种道具，而且要求鸡蛋必须是生的，因为只有生鸡蛋才能使人在破裂的瞬间所感受的挫折、失败感更为真实。所以，在这项内容中，不能因经费问题或其他原因就不用生鸡蛋，而选择用熟鸡蛋甚至用乒乓球代替。一旦随意地改变器具，就有可能使课程从布课开始产生偏差。

许多学员在参与拓展训练的时候,会被许多种新鲜事物吸引注意力,从而忽略了教员讲授的内容。所以,无论怎样布课,如果挑战不成功,都会有学员认为教员当时没说清,所以在布课时就应该清楚记得自己说过什么,可以在随后的回顾中正确引导。

四、挑战体验

挑战体验是让学员完成项目要求的任务,从挑战中体验项目预设的理念,并自然地从中得到感悟。

挑战体验不仅包含了一些望而生畏的项目,还有很多项目都是在一般人群的能力范围之内的。对于学员来说,最初的判断也许和项目本身潜在的难度不同,一些看似简单的项目,但真正去体验的时候,也是需要付出努力才能完成。拓展教师可以做一些简略的提示,以使他们正确地面对所要接受的挑战。

首先,项目的难度与项目本身的设计有关,一般来说,体力消耗多的项目难于体力消耗少的项目,主要活动在户外的比可以进入室内完成的项目难些,高风险的项目难于低风险的项目,道具多的项目往往难度就比道具少的更大。高难度的项目往往面向提高个人素质,挖掘个人潜力;低难度的项目更多是培养团队精神,增强解决问题的能力、决策和沟通的能力。

学员对项目的难易认知取决于个人的感悟力、态度和价值观,是他们的感官体验和主观理解的综合。例如对于同一种项目,有的学员认为努力一下就可以完成,于是便努力地去做,最终果真达成了目标;而有的学员却认为非常难,不可能完成,于是就抱着这种态度去尝试,其结果更多地也以不成功而告终。拓展教师在布置项目任务时要及时地判断学员的认知状况,在合适的时机作出必要的提示和引导,最大限度地设定适当难度的挑战项目,引导学员都去尽最大的努力尝试,从精神层面就抱着不放弃的信念。

其次,学员体验的过程从拓展教师布课就已经开始,布课的过程有时就注定了体验的结果,除非有特殊的要求或拓展教师有充足的准备,一般来说拓展教师会尽量提供给学员们一个可以自由发挥的机会,不要轻易地改变既有活动规则。

再次,参与挑战的过程是学员们的实践过程,由于拓展训练的不确定性,体验结果也不尽相同。获得成功者殊途同归,没有成功的活动过程也各具特点。拓展教师可在活动时安排一些学员做助手,助手除了可以帮助记录活动的进程外,还可以保护队友的安全。当然拓展教师也应该注重保护学员安全以及随时记录活动过程的变化和情况,以便在活动后的分享回顾和总结时使用。此外,体验过程要保持连贯、顺畅,尽量避免活动过程中出现冷场和项目与项目的衔接不畅等现象,如果有可能尽量全队完成,必须中止时一定要选择合适的时机。

最后,学员在活动中遇到困难是正常情况,但是不要一遇到困难就想要依靠拓展教师,首先应该想到的是相信自己和团队,靠个人能力与团队的力量去解决,不要轻易地求助,也不要轻易地挑战规则。经常会有学员认为规则没有讲清楚,也有学员会向拓展教师提问,通过观察拓展教师做行动依据,这类行为有违活动的公平。

五、分享回顾

分享回顾是在学员体验后按特定的形式,将各自在完成任务时的感想、感受真诚地表达出来,结合拓展教师的记录与大家分享得失,求同存异达成默契,共同从中学习,这是接受拓展训练后从身体体验到精神体验的最终升华,是拓展训练的重要组成部分。

在一个项目结束后,一般采用轮流发言与随机发言相结合的形式进行分享回顾,尽量让每人都发言的机会,尤其是最初的几个项目,要保证每人都有机会发言。

在进行分享回顾的时候,应遵循以下几个主要原则。

(1)即时性原则。做完项目要立即进行回顾,因此这种"背靠背"的回顾能够使学员完成项目时的情景历历在目,此时每一个人都在大脑兴奋期内将许多想法表达出来,这也是真实表达的最佳时机。如在孤岛求生项目结束后,学员们往往还没来得及围坐在一起就已经群情激昂,各种想法的表达之声此消彼长。而如果不能在第一时间回顾,过了一两天甚至更长的时间后,活动的兴奋期已过,那么一些记忆经常不会比当时结束后的更加深刻和有感悟。

(2)密切联系实际原则。所有的分享回顾在谈完做项目的感受后,都会谈及与现实的联系,学习是为了以后更好地工作和生活,因此,如何让拓展项目与实际生活联系起来,是每一位参训者所应做的,有的团队经常会无休止的争论项目本身的做法,这时拓展教师有义务将大家的谈论焦点转移到联系实际生活的问题上来,以使学习的目的更加明确有效。

(3)求同存异原则。每一个人因为成长的背景和价值观的不同,对待同一事物的看法也是不同的。参与过拓展训练后的每一个人都可以说出自己的真实感受,当不同想法产生时,教员要适当地进行引导,请学员们各自陈述自己的感受就好,不鼓励针锋相对的辩论。大家本着求同存异的原则,广开言论,这也正好可以感受到大家对同一个项目的不同认知以达到发散思维的作用。

(4)追求卓越原则。任何事物都具有两面性的特点,所以对待事物往往辩证地看才能看到事物的本质。在回顾过程中,教员都可以引导学员辩证地去分析每一种观点,即当说一个问题的优点时候,也能说出它的缺点,需要诚恳地接受不同的意见。这里值得注意的是,在回顾的过程中,教员要有意识地引导学员往积极的方面思考和感悟,讨论过程中应尽量避免消极的、抱怨的、讥讽的观点成为主调。

六、引导总结

引导总结是指将活动中出现的问题和认知感受进行引导,用符合拓展训练理论基础的理念进行科学的总结,使其理论更加严谨与体系化。

这个环节主要由教员来做,偶尔教员也可能让某个学员进行讲解。在引导总结时经常会用到一些如"鲶鱼效应"、"木桶原理"等的理论定律,也偶尔会用到优秀企业的文化、原则、经验总结或名人名言来佐证,对拓展训练中的活动行为进行概括。引导总结并不需要过于复杂深奥的道理,往往最简单的故事,最真实的案例就能起到更好的学习效果。

引导总结经常会和分享回顾交叉进行,进行适时的引导,做出精辟的点评,讲述风趣的故事,不仅能使课堂生动活泼,而且也能让学员牢记在心。

七、提升心智

提升心智是指在分享回顾与引导总结后,将学员感悟与理解进行提升,主要运用鼓励与肯定的形式,让其对自己的能力与潜力有一个新的认识,对团队的进展充满信心,并相信自己能够在实践中合理运用的一个过程。

时常能够听到一些年龄稍长的学员在训练结束后畅快地说一声:"参加这个训练真的让我感觉自己像是又年轻了十岁似的",这就是一种提升心智的效果。参加拓展训练,这种感觉在很多人中都会产生,不仅仅此时会有。提升心智主要是适时的肯定与鼓励,这样能够让很多人在训练中看到一个不同寻常的自己,能够对自己充满信心,能够让自己对未来产生更大的憧憬。心理学家们研究发现,一位普通的乒乓球爱好者在连续几天收看了世界顶级乒乓球赛事后,通过思考与感悟,也会有一种自己球技大长的感觉,这种现象也是拓展训练的价值所在。

对于心智的提升,并不是一味地肯定与鼓励对学员就是最有用的。肯定与鼓励固然重要,但教员也应根据实际情况对在活动中表现消极的学员进行合理的批评,并给出中肯的建议。这需要拓展教师同样要有一个平衡的心态,共同为培训结果负责。

八、改变行为

改变行为是指将拓展训练中的所感所悟在生活情境中得以运用,达到学习之初的目的。对于来参加拓展训练的学员,必须让其在一开始就对拓展训练有一定的了解,让其知道此次训练的内容、形式以及想要达到的目的,这有助于让学员事前在心中对训练有一个大概的轮廓,便于他们在训练过程中能够获得更加深刻的体验和收获。

学习的意义在于将所学的知识运用到实际工作和学习中去,这也是学习的最终目的。对于拓展训练来说,参与者能否在训练之后还能将训练时的激情延续,使得继续用积极的心态面对未来的工作与学习,就是拓展训练课程的最终目的。能够在日后得以运用多少和对课程的设计与授课时的要求有很大关系,同时参加学习者的心态也是至关重要的。如果学员在项目中表现颇佳,但不能很好地将其与未来生活中的态度产生联系,那么对于拓展训练活动来说,也并不能算作是十分成功的。

第四节　高校拓展训练教学计划的制订

要想达到拓展训练的既定目标和效果,就要在训练之前制订出一套高水平的提案书以及有效的实施计划。而制订好的实施计划,则要同实施体育教学一样,首先要了解参加拓展训练的学生情况。对受训学生进行细致的评价和分析,甚至可通过问卷调查的方式进行,这是为了推测组织训练所必要的条件以及效果的可能性。此后还要对需要的设施进行设想,明确哪些设施是必要的,哪些设施是不必要的。同时还要与有关人员密切合作,同心协力地推进计划,当计划出现一些问题时,几个方面也应互相帮助地进行解决。

一、拓展训练阶段教学计划

(一)初级阶段

1. 教学目的与任务

根据拓展训练的特点,使学生通过接触、感受拓展掌握拓展训练课程的本质内涵,全面提高学生的身体素质水平,培养学生对健康理念的理解,提高学生的健康意识和养成健身锻炼的习惯,学会交往,勇于挑战自我、超越自我、学会沟通,感受团队的协作的乐趣。

2. 教学内容

(1)理论知识
①健康的概念,体育与健康的关系。
②健身锻炼的基本原则与方法。
③野外拓展训练课程的价值。
④团队的凝聚力、团队的信任、团队的协作、团队的沟通。
⑤掌握安全保护器械设备的熟练使用。
(2)身体素质
①一般身体素质,包括:心肺功能、力量、协调性、柔韧性、反应速度、平衡性等。
②专项身体素质,包括:各种攀爬的练习,在多种拓展训练教学基础设施上的练习等。
(3)体验团队
①体验团队的协作。
②感受体验团队的信任。
③良好的沟通、主动的交往。
(4)专项技能
安全器械的正确熟练掌握。

(二)高级阶段

1. 教学目的与任务

在初级阶段教学基础上,培养学生运用拓展活动的常识和技能进行自我锻炼,促使学生全面掌握拓展训练的常识和技能,养成终身体育的习惯和意识,进一步提高培养学生的组织能力、领导能力、执行能力、沟通能力与团队协作能力。

2.教学内容

(1)理论知识
①健身锻炼的原则与方法。
②基本活动常识。
③安全教育。
④领导力、组织协调能力、执行力。
(2)身体素质
以专项身体素质教学与训练为主。
(3)野外活动技能
①上升、下降与攀爬。
②高空翻越与跳跃。
③水上活动技能。
(4)感受团队
①主动地组织协调。
②强有力的领导。
③执行能力,积极主动地服从。

二、拓展训练计划书的制作

在训练设施准备完备后,为进一步发现问题,还必须将一些事项以计划书的形式书面化。制作计划书时,必须考虑以下几点。

(一)理论根据充分

解决什么样的问题和设立什么样的设施,要有明确的目的而且还要有说服力的理论根据。

(二)目标

各个拓展训练中的小组的具体目标是否明确？目标是否可以实现？是否具有确认目标进展情况的方法？

（三）实践上的具体事项

训练日程表、训练时期的长短、小组的持续期间、经费预算和用地、设施的确保等问题。根据需要还要考虑实施训练所必需的保健和饮食计划等。

（四）指导体制和训练计划

要考虑训练计划及其所必需的预算。要考虑担任小组指导的人员是否具备足够的经验和能力？实施计划过程中的专家指导以及相应的条件是否已经具备？

（五）评价

评价活动是否达到了目标的具体评价方法，以及给学生设置相关的思考题与讨论题。

计划书做好后，还要根据某些可能的变化相应地做出一些充实和完善。然后可以先在计划的框架范围内进行一下活动看看效果，进行检验。再与学生代表和相关管理人员进行一次沟通，会议前要预先设想一下可能被问到的问题并尝试着先想好回答语言。另外，还要从多方面搜集尽可能多的有用的材料，比如，可以准备在拓展训练计划中作为参考使用的幻灯片、录像带，以及建立与其他一些计划的网络连接等。

第四章 高校户外运动的组织实施

要想保证高校户外运动课的顺利开展,除了学习基本的关于户外运动的理论知识外,还要学习和掌握户外运动是如何组织、管理与实施的。本章主要从户外运动的学习培训、户外运动实施的准备、户外运动组织计划的制订,以及户外运动的实施与安全保障四个方面展开论述。

第一节 户外运动的学习培训

户外运动学习与培训的内容主要包括基本知识学习、基本素质训练与基本技能训练几个方面。对这几个方面的学习和培训能为大学生户外运动课的顺利进行提供基本的保障。

一、户外运动基本知识学习

(1)众所周知,户外运动是在大自然环境中进行的,所以,开展户外运动课,大学生首先要学习和了解自然环境的相关知识,理解和掌握自然界的基本特点、内在结构和运行规律。

(2)户外运动参与的主体是人,因而户外运动参与者还要了解关于人体的基本知识,如人体结构、生理解剖、运动医学、安全保护等知识,还要学会和掌握科学的训练方法、适宜的运动方式。

(3)户外运动不仅同大自然有着密切的联系,与社会人文也有着一定的关系。因此,户外运动参与者还要学习和了解有关社会人文的基本知识,如人文历史、风俗习惯、教育学、心理学等理论知识,以促进人与自然、社会的共同发展。

(4)在进行户外运动课之前,还要根据户外活动的内容和要求,学习和掌握户外运动中的基本生活常识,如方向判别、寻找水源、动植物识别、居民风俗习惯等,通过对这些基本知识的学习和掌握,能够更好地保证户外运动的顺利进行。

二、户外运动基本素质的训练

由于户外运动的环境复杂、条件艰苦,因此,必须要求户外运动参与者具备良好的体能水平和专项能力等基本素质。这些基本素质的培养和形成是通过日常的积累习得的。在进行户外运动前,运动参与者一定要储备好充足的体能,并具备一定的专业技能,才能保障户外运动顺利开展。

参与户外运动需要的体能素质主要包括力量、速度、耐力、柔韧、灵敏等基本素质,同时还要进行心理活动训练和各种适应性训练,以应对户外运动中发生的突发状况。训练主要是加强呼吸系统、循环系统、神经系统、消化系统等身体机能方面的训练。训练的手段可以采用球类活动、田径运动和户外实践等方式,也可专门就某一弱项或某一方面反复进行专门训练。

户外运动项目都有一定的难度和级别,如果参加较高难度的或某一种专项户外活动及比赛时,运动参与者应根据项目的特点及难度,进行专门素质训练,以保证活动的顺利开展及人身安全。在户外运动中,攀岩速降、极限挑战、攀登高海拔山峰等是难度较大的活动,在参与这些运动前,需要参与者进行相关的适应性训练,才能保障活动的顺利开展。

总之,户外运动参与者应根据自身条件及运动项目特点来选择适合自己的运动。但不管是选择何种户外运动项目,都要求参与者必须具备良好的体能水平和专项能力,这样才能保障户外活动的顺利开展。

三、户外运动基本技能的训练

户外运动是在异常复杂的自然环境中进行的一种运动。它的内容丰富、项目繁多,能体现出人类基本的生活技能。

在户外运动中,参与者要学会各种专项技术,如登山渡河技术、攀岩速降技术、野外定向技术、户外急救技术、野外宿营技术等户外活动技术;又要学练各种结绳技术、营地的选择与构建、户外各种工具的制作(梯子、吊床、木筏等)与使用等户外技能;还要进行摔伤擦伤、雷电袭击、山体滑坡、雪崩冰崩、毒蛇咬伤、误食中毒、户外疾病救助、包扎运送等现场模拟演练。同时,还要进行户外运动、户外拓展、定向越野、登山穿越等户外运动综合技能的训练与比赛,从而锻炼和提高人们在复杂环境中的生存生活能力和较强的社会适应能力。

第二节　户外运动实施的准备

一、身心准备

一般来说,大学生都有着极强的好胜心,对新奇的事物充满兴趣,乐于参加一些富有刺激性的运动,而户外运动就能满足大学生的好奇心和追求刺激的心理。但大学生在进行户外运动前,必须要做好必要的身心准备。

(一)提高身体素质

大学生参加户外运动首先要具备健康的体魄。一个身体健康的人,可以将身体的潜能更多地发挥出来,而一个身体羸弱的人,只能发挥身体潜能的很少一部分,所以在参加训练前应尽可能地增强自己的体质。

1. 体魄强健的标准

一个体魄强健的人,需要符合以下几项标准。

(1)反应灵活、快速,思维能力较强,面对突发状况时能保持头脑清醒,能作客观的处理。

(2)视觉、听觉、嗅觉、触觉和味觉等感官灵敏。

(3)肌肉线条正常,身体匀称,面对困难不灰心丧气。

(4)心跳有力,能够提供足够的血液给全身的肌肉工作。

(5)肺活量大,输送氧气的能力强。

(6)脂肪含量少,男子脂肪含量应不超过 15%,女子脂肪含量可以比男子稍高。

(7)血脂低,血液循环正常。

(8)动作灵活敏捷,不易发生运动损伤。

(9)关节柔韧性较好,可参加大部分体育运动。

2. 提高身体素质的基本原则

身体素质的提高并不是一朝一夕就能完成的,这需要一个长久锻炼的过程。提高身体素质需要遵循以下几个基本原则。

（1）制订身体锻炼的目标，根据目标按部就班地锻炼。首先要制订出身体锻炼的目标，然后根据目标制订出具体的锻炼计划，根据锻炼计划进行身体锻炼。

（2）身体锻炼要有具体的指标。一般来说，身体锻炼每周不应少于 3 次，以巩固已取得的锻炼效果。每次锻炼的时间应持续 20 分钟左右，以后可逐步延长锻炼的时间；锻炼的强度要因人而异，要遵循循序渐进的原则。

（3）提高锻炼的积极性和兴趣，要保持锻炼的连贯性。根据锻炼计划按部就班地进行锻炼，要保持锻炼的连续性。

（4）要养成持之以恒锻炼的好习惯。这不仅有利于取得较好的锻炼效果，还能培养和形成"终身体育"的意识。

（5）身体锻炼要讲究科学性。身体锻炼要全面，要尽量选择能充分发展自己综合素质的运动项目，选择的项目及内容要符合自己身心发展的特点，能对全身的肌肉群进行锻炼；锻炼的形式要灵活多样，以提高锻炼的积极性和能动性。

3. 身体锻炼方式的选择

运动参与者进行身体锻炼的方式有很多，可以采用以下几种方式进行。

（1）有氧锻炼。有氧锻炼是基本的身体锻炼的方式，其内容非常丰富，主要有走路、慢跑、骑车、游泳、跳绳等。有氧锻炼不仅可以有效地改进人体的心血管系统和调动肌肉群，同时对治疗失眠和食欲不振等也具有良好的效果。

（2）无氧锻炼。人们进行无氧锻炼的方式有很多，主要包括短跑、跳跃、举重等运动。通常，无氧运动锻炼的时间非常短，运动量较小，但运动负荷强度较大，一般来说，激烈的体育活动最初 2～3 分钟属于无氧运动，然后会变为有氧运动。

（3）静力锻炼。当肌肉进行收缩作用于不移动的物体，同时没有肢体运动时，称之为静力锻炼。静力锻炼对增强人体某一特定部位的肌肉最有效。

（4）等张锻炼。等张锻炼指的是通过渐进的加力来对全身的肌肉进行锻炼，可增强人体肌肉的硬度和柔韧度。

（5）负载受力锻炼。负载受力锻炼是静力锻炼与等张锻炼的结合，通常要借助于拉力器等器械进行，运动参与者在锻炼中，随着肌肉压力的增加，耐力也会随之增加。

（6）灵活性锻炼。灵活性锻炼可以很好地锻炼人体的关节，如果长期缺乏灵活性锻炼，人体的关节、肌肉将会失去弹性而变得僵硬。进行灵活性锻炼，被动的伸展运动是较为有效的锻炼方法，它可以很好地增强人体肌肉的柔韧性和灵活性。

(二)加强心理训练

户外运动是在自然环境中进行的,所以存在着一定的危险性和不确定性,这是不可避免的。我们在面对危险和困难时,不仅需要掌握各种生存和战斗的技巧,同时还需要有顽强的意志品质和出色的心理素质。在进行户外运动时,大学生要学会控制自己的情绪,调节自己的心理,保持一个健康、良好的心态,这对于克服困难、处理突发状况具有重要的意义和作用。

人们在面对困难时,往往会产生各种各样的负面情绪,导致心理出现较大的波动,进而做出一些过激的行为。因此,正确地认识这些困难和挫折是非常重要的。下面就重点阐述一下在户外运动中常遇到的一些困难及解决方法。

(1)疼痛:在进行户外运动时,常发生各种疼痛现象,这是非常正常的。疼痛是人体的一种正常反应,有疼痛感说明人体仍然处于正常状态。战胜疼痛没有更好的方法,最为有效的途径是凭借自己顽强的意志战胜它。因此,当疼痛感来临时,我们应该尽量转移自己的注意力,把精力全部集中于如何克服眼前客观存在的困难上,并具有极大的耐心。

(2)疲劳:户外运动会消耗掉参与者大量的体力,随着体力消耗的增加,人的疲劳感也越来越强,这时精神状态也会变得越来越差,热情与斗志逐渐下降,并具有强烈的紧张感和压抑感。当出现这种情况时,大学生可以通过完成一件小事来调整自己的心情,建立自信心,重新激发起自己的热情,这是克服户外运动疲劳的积极、有效方法之一。

(3)饥饿:当大学生参加户外运动遇到挨饿的状况时,千万不要惊慌,要静下心来思考获得食物的措施和方法,通过自己的聪明才智来获得更多的食物,以弥补逐渐消耗的体力。

(4)干渴:干渴带来的危险比饥饿要更加可怕,人在没有了水的情况下,就会出现反应迟钝、虚弱无力的现象。因此,大学生在进行户外运动时要节约饮水。如果出现缺水的现象,就要尽可能地减少食物的摄取量,这是因为人体摄取的食物越多,需要的水分也越多。

(5)寒冷:在冬天进行户外运动时,人体会因为寒冷而导致血流速度减慢,这时就应该通过进行一些剧烈的身体运动来消除和抵御外界的寒冷。

二、装备购置

(一)背包

背包是大学生参加户外运动必不可少的装备之一,背包的合理选择与使用是非常重要的。

1. 背包的种类

(1)登山包

登山包一般分为两种规格:一种是体积在50～80升的大背包;另一种是体积在20～35升的小背包。大登山包主要用于登山中运输登山物资,小登山包一般用于高海拔攀登或突击顶峰。一般来说,登山专用背包的制作考究而独特,包体瘦长,紧贴人的背,以减轻背带对双肩的压力。并且大都经过防水处理,不怕被雨淋湿。登山包不仅用于登山,还用于漂流、穿越沙漠等其他探险运动中。

(2)旅行包

旅行包同其他登山包有所不同,其正面可以全部打开,利于取放东西,在选择旅行包时一定要选择背着舒适的,而不要只注意外观。

(3)自行车专用包

自行车专用包可分为挂包式和背包式两类。挂包式既可背着,也可挂在自行车上;背包式主要用于高速度行驶中。自行车专用包上都带有可反射灯光的反光条,以保证夜间骑行时的安全。

(4)背架包

背架包主要由包体和外置的铝合金架子组成。用来背负体积较大且沉重的物品,如摄影箱、煤气罐等。

2. 背包的选择

在进行户外运动时,选择的背包一定要适合自己,在选择背包时要重点考虑以下几个方面的问题。

(1)选择合适的包。户外运动环境较为复杂,条件艰苦,需要携带较多的东西以备不时之需,最好选用背架包。

(2)确定包的大小。大学生进行户外运动,通常一个65～75升的包就足以满足需要了。需要注意的是,每个人背的重量最多只应该是自己体重的1/3。

（3）背的方法要合理。要选择一个适合于自己的背负系统，要将大部分重量转移到胯部和臀部，以免肩部受过重的负担而影响活动。

（4）注意背包的制作材料和加工质量。好的背包应该是既结实又防水，一般情况下不受磨损。总之，背包的选购要因人而异、因地制宜。

3. 背包的装填

大学生进行户外运动还要学会背包装填的方法，这是十分重要的，因为填装不合适，就很容易造成运动疲劳。在装填背包时，要注意将常用的物品放在背包的侧兜内；不常用的东西放在背包的最下面；易破碎的东西应该放在背包的最上面；比较重的东西要放在靠近背的地方。这样做的目的：一是可以提高背包的重心，使自己挺直腰；二是方便使用，便于灵活运动。

另外，大学生在装填背包时还要养成定点放置的好习惯，这样可以快速取出自己需要的东西，方便使用。

（二）鞋袜

1. 鞋子

在进行户外运动时，要尽量穿运动鞋或者是其他专用鞋。在选择鞋子时，需要注意以下几点。

（1）最好选用重量轻、透气性、防水性好的鞋子，还要有一定的防潮防寒功能，质量一定要好。

（2）鞋子底部的厚度和软硬度要适中，不能过厚也不能过薄，硬度要以中性偏硬为宜。

（3）鞋底要具有防滑性和耐磨性，不能过窄，以防走路时扭伤脚踝。

（4）最好选用高帮的鞋，对预防小石子、沙子以及灰尘等进入鞋内具有良好的效果。

（5）最好要多预备一双鞋子放在背包里，以备不时之需。

2. 袜子

大学生在进行户外运动时，最好选用纯棉制的袜子，因为纯棉质的袜子柔软、吸汗，可使脚部保持干爽的状态。在寒冷的冬季或山区活动时要准备好一两双纯毛袜，这在宿营的时候会派上用场。另外，要尽量选用有一定厚度的袜子，并且多备几双，以备不时之需。

(三)着装

1. 外衣

在日常生活中,人们常常习惯于通过服装的搭配来体现自己的个性。但在户外运动时,要充分考虑着装的实用性,不要过分追求个性。

户外运动的着装,应以宽松、舒适、耐磨、随意为基本原则。选择的服装要具有较好的防水性、透气性和耐磨性,另外还要注意服装的大小,不可过大也不可过小。至于服装颜色的选择,可以选择淡色也可以选择鲜艳显眼的颜色。

需要注意的是,在盛夏进行户外运动时,大学生也要尽量避免选择短装,女生不要穿裙子,男生不要穿短裤。这是因为,野外的虫子较多,环境复杂,容易给运动参与者带来诸多不便。春秋两季最好要选择纯棉或纯毛,具有一定防风及保暖性能的服装。在高寒地区活动时,要选择质地优良的羽绒服。

2. 裤子

大学生进行户外运动,在选择裤子时,首先要考虑裤子的耐磨性,然后是材料的柔软度和大小。总之,选择的裤子既要舒服,还要能保证运动的安全。

宽松的牛仔裤和棉质的休闲裤是进行户外运动时不错的选择,这会给自己的行动带来极大的便利。至于特殊户外运动,如登山时,可选择专业的防风裤和岩石裤。

3. 内衣

内衣的选择要注意两个问题:一是化纤的含量不能太高,这样不便于通风和晾干,并且穿久了还会给人一种炽热的感觉;二是要选择吸汗、易干的内衣,这样可保证身体的清爽和干净,不会导致感冒等疾病的发生。

4. 帽子

在进行户外运动前,一定要准备好一顶合适的帽子。夏天野外运动时,要选择具有遮光作用的帽子,冬天要选择具有保温效果的帽子。另外,需要注意的是,无论是在夏天还是在冬天,都要考虑帽子的防水性,尽量选择具有防水功能的帽子。

(四)睡袋、睡垫

1. 睡袋

(1)睡袋的种类

睡袋是大学生参加户外运动必不可少的装备之一。睡袋的种类有很多,人们可根据自己的实际需要来选择适合自己的睡袋。

睡袋依据用途来划分,可分为两大类:一类睡袋较薄,用于一般的旅行或露营,这些睡袋大都在春夏秋三季使用;还有一类睡袋用于较寒冷的环境,甚至是一些探险活动,这类睡袋被称为专业睡袋。普通的睡袋价格相对便宜,用途广泛。专业睡袋在设计和材料上都非常考究,价格也相对较高,但如果冬季露营或是去高海拔地区旅行,就要选择专业睡袋。

睡袋的种类繁多,也有各种各样的功能,在选择睡袋时要注意,并不是最贵的、最先进的就是最好的、最适合自己的,应根据运动者所参与的运动项目的特点来选择,要与所参与的运动项目相匹配。

(2)睡袋的使用技巧

有很多因素会影响睡袋的性能,因此在使用睡袋时要注意一定的技巧。需要注意的是睡袋本身并不发热,它只是有效地将体温流失减低。在使用睡袋时要掌握以下几个技巧。

①避风防潮

户外运动中,在选择营地时,不要选择谷底,还要尽量避开承受强风的山脊或山凹。并带上一张防潮垫,可以有效地避免睡袋的潮湿,在冬天雪地上需用两张普通防潮垫。

②保持睡袋干爽

睡袋吸收的水分并非主要来自外界,而是人体,即使在极寒冷的情况下,睡袋也会吸收掉人体一定的水分。因此,如果睡袋连续使用多天,最好能在太阳下晾晒一下,以使保温棉保持弹性。

③多穿衣服

一些较松软的衣物可兼作加厚睡衣用。将人与睡袋之间的空隙充填满,也可使睡袋的保暖性加强。

④睡前热身

人体就是睡袋的热量来源,如临睡前先做一小段热身运动或喝一杯热饮,会将体温略为提高并有助于缩短睡袋的变暖时间。

2. 睡垫

在选择睡垫时，应考虑睡垫的保暖能力、重量、舒适度、耐用性和大小等各方面的因素。

(五)帐篷

相对于睡袋来说，帐篷的内部空间较大、架设方便、地点不受限制，具有一定的隐蔽性和安全性，既能防雨、防雪、防风、防晒，又可重复使用。因此，可以说帐篷是人们进行户外运动时常用的休憩工具。

1. 帐篷的种类

帐篷的种类繁多，各有各的特点，就其分类而言，可将帐篷分为以下两大类。

(1)高山帐篷

高山帐篷主要是在恶劣的环境下使用，应选择那些抗风、防雨、耐磨等性能比较好的帐篷。在选择高山帐篷时，要注意观察材料、工艺设计等，高山帐篷属于中高档的帐篷，适用于登山、探险时所处的复杂气候环境。

(2)旅游型帐篷

旅游型帐篷适用于平时人们假期的休闲娱乐，在选材上更多地注重经济性，旅游型帐篷可用于一般环境下的野外露营活动。

2. 帐篷的结构与规格

依据划分标准的不同，帐篷具有以下几种不同的结构和规格。

(1)根据使用要求的不同来划分

根据出行者使用要求的不同，可将帐篷分为单室式结构和厅篷式结构。单室式结构的空间侧重考虑缩小体积，减轻重量，仅适用于睡觉和休息；而厅篷式帐篷则专门设立了门篷外厅，具有很好的防风、防雨的功效，内部空间也较大，可满足使用者的多种需求。

(2)根据温度环境设计的帐篷

根据环境温度设计，帐篷可分为单层、双层、三层等不同的结构。单层帐篷具有轻便、经济、体积小、制作工艺简单的特点，适合在较暖的地区或季节，以及人们休闲消遣时使用。双层帐篷的透气性较好，可以很好地解决单层帐篷内壁结水的问题，适合于在凉爽季节或寒区使用。三层帐篷在内帐的里面又加了一层棉帐，具有很好的保暖效果，适合于在冬季或寒冷的天气条件下使用。

3. 帐篷的材料与性能

材料对帐篷质量来说至关重要,材料可分为面料、里料、底料、撑杆等,一般来说,不同的面料,密度不同,因而抗拉强度和防水压力也不一样。

(1)面料。尼龙绸薄而轻,适合于登山和徒步野外野营;牛津布厚且重,适合制作驾车野营或小团体使用的帐篷。从防水涂层来看,PU 涂层不仅能克服 PVC 冬天变脆、变硬的缺陷,并且还具有很好的防水效果。

(2)里料。通常用透气性良好的棉布式尼龙绸。一般来说,尼龙绸性能要优于棉布,它不仅能吸收潮气,还不易发霉。

(3)底料。主要功能是防水、防潮、防尘。低档帐篷的底料通常是用 PE,也有用 PVC 的,成本较低。PU 涂层的牛津布底料,坚固性、耐寒性和防水性都大大地优于前两种。

(4)帐篷的撑杆是帐篷的骨架,骨架材料的优劣不仅影响帐篷的寿命,也影响着帐篷的稳定性。早期的帐篷撑杆常选用钢筋材料,导致帐篷重量大,回弹力也差。玻璃纤维撑杆的分量有所减轻,回弹力也有所提高,但其强度和坚固性都不甚理想。综合各种因素来看,比较理想的撑杆当属铝合金材料,它不仅强度高,而且质量轻,回弹力很好,各项指标都很高,为高档次帐篷。

4. 帐篷的选择和使用

(1)帐篷的选择

户外运动中使用的帐篷,其主要功能是防风、防雨、防尘、防露、防潮等,为野营者提供一个相对舒适的休息环境。帐篷的选择要注意以下因素。

第一,外帐要选择防水性能好,透气性好的面料。

第二,内帐要力求透气性好。

第三,撑杆的选择,要求强度高、回弹力好。

第四,底料的选择,应注重防水度和耐磨性。

第五,在野外露营时,最好选双层结构的帐篷。

第六,最好选择带门篷的帐篷,尺码可稍大。

第七,选择前后双门的帐篷以利于通风。

第八,帐篷的颜色最好是暖色调,如黄色、橙色或者是红色,便于辨识。

(2)帐篷的使用

在使用帐篷时,应注意以下几个方面。

第一,篷址的选择。应尽量选择平坦且干燥、整洁的地段,出入口应背向风口,若地面稍有坡度,出口应选在下坡处,这样便于挖沟排水。

第二,帐篷的支撑与固定。铺开帐篷固定四角,使其铺平定牢,如有条件,可在帐篷底下垫块地席,可以对帐篷起到保护的作用,同时还有防水的效果。在支撑外帐时,要注意拉好绳,使外帐绷紧,并用沙土或软土压好,可起到很好的防风效果。在打地钉时,角度以 40°为宜,地钉入地的距离和方向与牵绳应为同一轴线,牵绳与地钉成 90°角,这样有利于达到最大的受力强度。在固定顺序上应该注意对应固定,如先左前角,依次右后角、右前角、左后角,整修帐篷固定后,调整牵绳拉线使各方面牵拉受力一致。帐篷与帐篷之间要有一定的距离,否则会影响防雨和防露。

5. 帐篷的维护及保养

长久不使用帐篷时,要注意帐篷的维护及保养,需要注意以下几点。

(1)避免在帐篷内炊事,帐篷对火的抵抗力相当脆弱,尤其是内部充满易燃品,如夹克、睡袋等,最好是在内外帐间炊事。

(2)不要穿着登山靴进入帐篷,进入内帐须脱雨衣与湿衣物,要保持帐篷内部的干燥。

(3)可用细麻绳系住帐篷两端,用于挂湿衣物。燃料油、主绳等攀登器材可置于帐篷角落。

(4)清理帐篷。帐篷使用后的清理工作也是非常重要的,清理帐篷应该按以下程序进行。

①清理帐篷底面,擦净泥沙。

②清理撑杆的泥沙。

③检查帐篷附件是否完好。

④不要用洗涤用品清洗帐篷,以免影响防水效果。

⑤注意防火,防止锐利的物体划刮帐篷。

(六)工具盒与急救箱

1. 工具盒

在进行户外运动时,一定要携带工具盒,这是十分有必要的。因为户外运动存在一定的风险,在遇到突发状况时,工具盒里的物品能派上很大的用场。大学生进行户外运动,应该养成带好工具盒的习惯,并定期做好检查,以免工具盒的工具受到损害而不能使用。

工具盒里应该有以下物品:针线包、断线钳、折叠刀、圆形锯片、信号旗、鱼钩、钓饵、鱼线、别针、尼龙线、指南针、镜子、蜡烛、电灯、火柴或打火机、打火石、塑料袋、净水净化片、哨子等。特殊环境下的户外运动还需要携带更为专业的工具。

2. 急救箱

大学生在进行户外运动时,常常会遇到各种各样的突发状况,准备好急救箱可以以防万一,以备不时之需,有时甚至还能救人一命。急救箱要随身携带,并包含以下物品。

(1)绷带。绷带主要用于处理不同面积及种类的损伤。绷带主要分为以下几类。

纱布滚动条绷带:主要用于处理一般伤口,作固定敷料之用。

弹性滚动条绷带:具有一定的弹性,除应用于处理伤口外,更可应用于处理一般拉伤、扭伤、静脉曲张等伤症,以固定伤肢及减少肿胀。

三角绷带:可以全幅使用,或折叠成阔窄不同的绷带,通常作手挂使用,承托上肢。

(2)敷料。敷料主要是由数层纱布制成的,质地柔韧。主要用作覆盖伤口及吸收分泌物,流血及分泌物较多的伤口,可加厚覆盖。

(3)棉花球用于清洁伤口,使用时蘸透消毒药水。

(4)消毒胶布通常用来处理面积较小的伤口。贴上胶布前,必须确保伤口周围的皮肤干爽清洁,否则不能贴得牢固。

(5)胶布用来固定敷料、滚动条绷带或三角绷带。

(6)各种药丸如康泰克、感冒通、黄连素、牛黄解毒片、藿香正气丸、胃药等,在遇到伤病时可派上极大的用场。

第三节　户外运动组织计划的制订

大学生进行户外运动,经常会遇到一些突发状况和危险,这是由复杂的环境决定的,因此,在进行户外运动前,要根据具体实际,制订出一个详细的活动计划,以便户外运动的顺利开展。

一、户外运动组织计划的内容

在进行户外运动前,应根据户外运动的不同形式和特点,制订相应的活动计划。户外运动计划一般应包括以下内容。

（一）户外运动的地点

户外运动的地点直接关系到活动的内容，选择活动的地点，首先要收集该地的历史、人文等资料，然后对所掌握的资料进行分析。

1. 收集资料

（1）历史资料。收集历史资料主要分为两部分：①当地的历史；②最近去过该地区的外来人员活动的历史资料。比如近十年来去过该地区的人员行走的路线和他们写的日志、报告、照片资料等。这些资料对于即将去往该地的人们具有很强的参考价值。

（2）人文资料。收集当地人文资料，可以更好地了解当地的文明和文化。在收集人文资料时，要尊重当地人们的风俗习惯，不破坏具有历史人文古迹的建筑和文物，和谐地与当地人沟通相处。

（3）特殊情况和限制。了解特殊情况及限制可以让户外活动顺利安全地进行，这包括当地的地形地貌、气候等。

2. 活动分析

（1）此地形适合做什么。不同的地形决定了户外活动的项目，因此在选择户外活动项目的时候要充分考虑到该地区的地形地貌。

（2）此地形自身能做什么。除了第一点要考虑的问题之外，还要考虑此地形自身能做什么。

（3）分析风险程度的大小。

（二）户外运动的目标

在进行户外运动前，一定要有一个明确的目标，因为没有明确目标的户外活动，首先在安全上存在隐患，其次就是活动本身没有什么乐趣。因此，明确活动目标是出行计划中必须要提及的。

（三）户外运动的内容

确定户外运动目标后，就要根据运动目标，确定户外运动的相关内容。户外活动内容最好参照活动地点收集的资料特点予以匹配，在安全的原则下，把风险控制在可承受的范围内，尽量安排有意义的户外运动项目，达到户外活动的目标要求，体现户外运动的价值。

(四)户外运动注意事项

在制订户外运动计划时,还应注意以下几点事项。

(1)认识户外运动和存在的危险,及其防范方法。

(2)建立安全意识,加强体能和技术训练,做好各项准备。

(3)明确人员分工,选择信誉度高的组织者,选择高水平的向导和教练。

(4)树立终身环保的意识,不破坏环境。

二、制订户外运动组织计划的基本要求

一般来说,整个户外运动计划主要包括行动前准备阶段、行动开始阶段和行动结束后恢复阶段,其中,每个阶段都应有明确的任务和目标。对于每一阶段的每一次行动,在出发前我们也应该有一个细致而周密的计划,并严格按照计划进行落实。在制订户外运动计划时,要遵循以下几点要求。

(1)熟悉。

①制订运动计划时,要保持头脑清醒,量力而行。

②要思路清晰,条理分明。

③要确保每一个环节切实可行,做到心中有数。

(2)周详。

①交通及线路问题。

②食宿问题。

③装备物资情况。

④医疗保障情况。

⑤行程的安排。

⑥经费问题。

⑦人员情况。

(3)共知。

①做书面计划,所有参与人员共知认同。

②有备份方案。

③机动人员。

第四节　户外运动实施与安全保障

一、户外运动的组织实施

户外运动的环境复杂,在活动中难免会遇到各种各样的困难,甚至会发生一些伤害事故。为了将户外运动的风险降到最低,大学生应该充分发挥自己的主动性和能动性,学习和掌握户外运动的有关知识,以便能在实践中得以有效的运用。

要想保证户外运动能够顺利地进行,就必须要做好户外运动的组织实施工作。其基本内容如下。

(一)明确户外运动的目的及任务

在进行户外运动前,要明确户外运动的目的及任务,保证各项工作顺利进行。户外运动会牵涉各种事务,如交通、食宿、物品、安全、经费、人员等,这些都需要进行周密的考虑和合理的计划。这些准备工作及以后的组织实施工作要依据户外运动的目的及任务而定。

(二)对户外运动进行合理的设计与安排

为了保证户外运动顺利,就要对整个活动进行缜密的设计和合理的安排。这样才不会造成活动中遇到突发状况时手忙脚乱、手足无措,给活动造成极大的困难。组织工作的合理到位,是顺利完成户外运动训练的关键。

(三)防范突发事件的措施

在户外运动中不可避免地会发生一定的意外事故,这是正常的。我们所需要做的就是要预先做好各种防范措施,以预防可能发生的突发性事故。

(四)组织实施工作的内容

户外运动的组织实施工作包括以下基本内容。

1. 拟定总体方案

在户外运动课开始前,要根据课程的教学阶段、实践时间、地点、路线、内容、地理、地貌、植被、生态环境、学生情况,拟定一个总体方案。这个方案并不是最终方案,要在以后的活动过程中根据实际情况适当加以调整和完善。该方案的主要内容包括:训练科目、行程路线、气候变化、交通、安全措施、装备、物品、食品、经费等。

2. 成立工作小组

户外运动的顺利进行,离不开工作小组各成员间的团结协作,成立的活动小组能有效地保证户外运动顺利开展。

(1)训练活动指挥部,工作内容有:负责活动的指挥与调度、交通、通信、联络、安全,采购所需物品、食品、药品等。

(2)紧急救援小组,负责处理各种突发性事故。

(3)宣传小组,负责摄影、摄像、文字等资料的收集与整理工作。

(4)勘探小组,负责对户外运动区域的路线、地形、动植物、气候等自然条件进行考察与评估。

3. 团队成员的职责分工

成立的工作小组,其团队成员的职责分工要明确,要能保证户外运动顺利开展。在户外运动前,可将整个活动团队的队员分成几个小团队,每个小团队要确定队长,队长有权决定和处理活动中发生的各种状况。团队成员应控制在 6～8 人,人员的搭配要合理,团队内成员的体能、技能应达到总体平衡,并明确每位成员在团队内负责的具体工作。

(五)领队的具体工作

1. 户外运动前的工作

(1)在出发前,领队要明确自己的责任和义务,向队员做自我介绍并明确队员的具体分工,同时还要强调活动的纪律和安全问题。最后要礼貌地恳请大家配合工作。

(2)上车后,再次说明本次活动的起点、途经线路、终点、人文与地理环境及大致的时间安排,并将计划安排书发给每人一份。

(3)出发时,先要集合队伍,清点人数,整理背包,分配公共用品与携带人员,安排队头与队尾人员。

2. 户外运动中的工作

(1)行进时,领队一般走在整个队伍前1/4的位置,途中可根据队员的体能状况、目的地的远近等灵活调整队伍的前行速度。在行进过程中,领队要密切观察并询问每名队员的体能状况,根据实际情况作出具体的安排。

(2)在途中休息时,领队要及时清点人数,并征求大家的意见,合理调整行进的速度。

(3)行进中要注意查阅地图,确保行进路线的正确,随时同组织人员保持联系,发现错误立即改正。

(4)在遇到岔路口、有障碍或前进方向不明确时,先锋必须请示领队,由领队作出决定,不得擅作主张。

(5)行进中出现突发事故时,领队要沉着冷静,果断处理问题,全体人员必须要服从领队的安排和调遣。

(6)在露营及野炊环节时,领队要就营地的安全、防火、环境保护等环节对队员进行技术指导。

(7)若发生意外事故,继续前进会有危险时,应立即取消活动,必要时寻求帮助。

3. 户外运动结束后的工作

在户外运动结束时,领队应做好以下五方面的具体工作。

(1)公布经费开支情况,队员间分摊经费支出。

(2)清点装备,及时归还。

(3)征求与收集队员的意见,及时做好反馈。

(4)召开会议,做好活动总结。

(5)撰写活动总结报告,为下一次户外运动积累好的经验。

二、户外运动的安全保障

(一)绳带保障

1. 绳索

(1)绳索的作用

在户外运动中,常会发生各种各样的事故,其中最为严重的就是从高处滑落或直接坠落,这对户外运动参与者的伤害非常大。因此,为了预防及避免这种意外事故的发生,运动参与者必须要随时携带足够的绳索,这是解决此类危险的有效手段。

绳子主要是由绳皮和绳芯两部分组成的。绳皮可以保护核心不被磨损;绳芯主要是由丝丝缕缕的纤维组成的,是主要的受力部分。绳子有动力绳与静力绳之分。动力绳,主要适用于先锋攀登;静力绳,不能收缩,无弹性,主要适用于上方保护的攀登或下降、探洞。大学生进行户外运动,在选择绳索时,要注意其最大的承重能力以及绳子的类型、重量、防水处理、冲坠次数、静伸张率等因素。选择好的绳索可为攀登者与保护者之间建立起一种可靠的连接,当发生某种意外,攀登者坠落时,能起到保护攀登者的作用。

　　绳子在长时间不用时,要保管好。最好存放在阴凉、干燥的地方。当绳子出现变硬、变软、变扁、表皮损坏等现象时,必须立即更换。否则,再使用时常常会发生断裂,因而会引发不必要的运动事故。

　　(2)结绳技术

　　利用打结使绳索之间、绳索与其他装备之间相互连接的方法,称为结绳技术。

　　①基本结。基本结又称为单结、保护结。在绳头部位打此结,可防止绳结解脱。建议在打好其他结后,才结此结(图4-1)。

图 4-1

　　②连接固定点用结。指将绳索一端直接固定在自然物体上的结绳方法。

　　双"8"字结:此种结打好拉紧后不宜松开;不受力时,不容易松开(图4-2)。

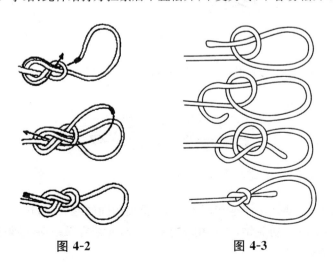

图 4-2　　　　　　　　　　**图 4-3**

布林结:又称为系船结。易结易解,但也易松动(图 4-3)。

蝴蝶结:又称为中间结,可直接套在中间队员安全带上起到一定的保护作用(图 4-4)。

图 4-4

双套结:又称为丁香结。可用于固定,也用于攀登和下降(图 4-5)。

图 4-5

③绳子间的连接。

平结:又称为连接结、本结、陀螺结。用于粗细相同的绳索之间的连接(图 4-6)。

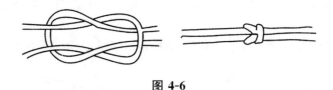

图 4-6

"8"字结:主要用于粗细相同的绳索之间的连接(图 4-7)。

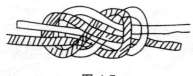

图 4-7

渔人结:主要适用于连接两条质地、粗细相同的绳索或扁带。

水结:又称为防脱结,主要用于连接扁带,此结容易松动,必须用力打紧并经常检查(图 4-8)。

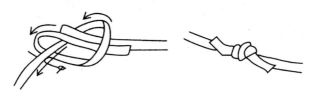

图 4-8

混合结：主要用于不同直径绳索之间的连接(图 4-9)。

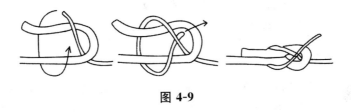

图 4-9

交织结：又称为渔翁结、水手结、紧密结、天蚕结，主要用于直径相同绳索之间的连接(图 4-10)。

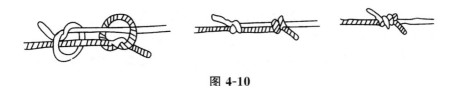

图 4-10

④特殊用途的结。

抓结：又称为普鲁士结、移动结，主要用于行进、上升中的自我保护。

意大利半扣：主要用于沿主绳快速下降时的速度控制，还用于"8"字环遗失的情况。

2. 安全带

安全带主要是在户外进行攀爬时，为人们提供一种舒适、安全的固定。安全带分为可调式和不可调式两种。可调式安全带适用于登山、攀岩等场所；不可调式安全带是个人攀岩专用。

大学生进行户外运动，选择的安全带一定要舒适和安全。在选择安全带时要注意以下几点：第一，要考虑个人的体型或体重，选择与自身相匹配的型号；第二，不同的安全带都有自己特定的系配方法，在系好后一定要进行仔细检查，看是否牢固；第三，长时间未使用的安全带，如果出现保护套起毛或断裂的现象,应及时更换,以免运动过程中发生意外。

(二)器具保障

1. 刀具

在户外活动中,刀具的作用是任何工具都无法替代的。户外活动中所使用的刀具主要有两种:一种是小刀,它可以折叠,并通常还配有一些如开瓶器、小镊子、锯子等功能;另一种就是大刀,其刀锋全长在 30 厘米左右,重量不超过 1 千克,并在末端配有木质把柄,这种刀的使用范围很广,不仅适用于砍柴、盖棚子、扎筏等,同时还能猎杀动物及剥皮。

2. 行军锹

行军锹的用途很广,在进行户外活动时,它可以用来挖坑、挖排水沟、防御动物攻击等。如果户外运动的时间较长,最好带上一把行军锹;如果觉得携带行军锹不方便,则可以只带一个锹头,锹把可以在户外想办法解决。

3. 钳子

钳子小巧,重量轻,便于携带,在户外活动时,常能派上很大的用场。在户外运动中,如果要搭建庇护所,就需使用钳子,它会让你得心应手。现在许多多功能户外生存刀打开后首先就是一把钳子,这要比单纯带一把钳子更方便。

4. 锯

在户外运动中,锯是一种搭建庇护所、生篝火、制作木筏的好工具。锯在许多组合刀具上都非常常见,大多是短锯。如果没有组合刀具,可选择携带一条钢丝锯。这种锯可以盘卷起来,便于携带又不占空间。

5. 铁锁

铁锁,又称为钩环、主锁等,铁锁是户外活动中用途最广、不可缺少的基本装备之一。铁锁的主要作用是在进行攀登时用来连接保护系统的各个点,比如攀登者和登山绳、登山绳和保护点等。在户外运动攀登过程中,铁锁可以代替绳结,使用起来十分方便。在以前,铁锁一般是用钢或铁制成的,其特点是坚固耐用,承受力大;缺点是较沉,大量携带不方便。目前市场上的铁锁多采用合金材质,以求质轻且坚固,一般合金材质可承受的拉力能达到 20~30 千牛,足以保障攀登者的安全。

6. 快挂

快挂,是用扁带将两个铁锁连接起来的一种攀登用器材。它是户外运动攀登时保护系统中必备的器材之一。在攀登的过程中使用者需要快速、便捷地连接绳索和保护点,而快挂的作用就在于此。比如在先锋攀登时需要在路上预先打上数个膨胀钉和挂片,攀登者攀爬过程中将快挂一端扣进挂片,另一端扣入主绳。

7. 头盔

头部是人身体最重要的部位,为了防止在户外运动中发生头部伤害状况,就必须要携带专业的头盔。头盔能够很大程度上防止头顶和侧面的冲击,防止尖锐物砸伤头部,以及减缓重物对颈椎和脊椎的冲击。

目前市场上的头盔主要有三种:轻质头盔、硬质头盔和混合式头盔。

(1)轻质头盔

轻质头盔的内层是聚丙烯,外部为塑料构成的外壳。此类头盔通过聚丙烯的变形及碎裂吸收能量来保证头部的安全。此类头盔主要用于攀岩、滑雪等活动中。

(2)硬质头盔

硬质头盔的外层材料主要采用工程塑料或碳纤维等硬质材料制成,优点是强度高、结实耐用。此类头盔主要用于探洞、溯溪、登山等活动中。

(3)混合式头盔

混合式头盔的内衬为聚丙烯或者海绵,主要用于缓冲,然后再附上一层硬质外壳抵抗冲击力。此类头盔的应用范围异常广泛。

8. 下降器和上升器

(1)下降器

在保护和下降过程中,当被保护者脱落时或自己需要下降时,使用者可以通过以较小的力来消减大的力,保证攀登者的安全,通过器械和绳索之间的摩擦力还可以控制人员下降的速度。这样的器械叫做保护器或下降器,常用的保护器有"8"字环、ATC 和 GRIGRI 等。

保护器被广泛地应用在登山、攀岩等活动中。一旦发生冲坠,保护者可以拉紧绳索制动。人坠落时产生的冲击力是非常大的,直接用手握紧绳索很难制动,而且可能会伤及手掌甚至使两人同时滑坠。而使用保护器时,冲击力会通过绳索与铁锁、保护器之间的摩擦力而抵消,这样即便是体重较轻的人也可以用较小的力给体重较大的人作保护。

（2）上升器

上升器是攀登雪山、攀岩时常用到的技术装备，主要作用是协助使用者向上运动，使用者在攀登过程中可以得到助力和保护。随着登山运动的发展，上升器日渐成为雪山攀登的必备装备。登山者在通过危险、陡峭地区时，上升器是重要的自我保护装备，它和绳索、安全带等器材构成了一个保护系统。如果发生滑坠，上升器也可以较好地协助滑坠者离开冰裂缝等危险地带。

9. 灯具

在户外活动中，通常携带的灯具主要有两种：一种是照明用的灯具，如手电筒；另一种是求生用的灯具，主要是指闪光信号灯。闪光信号灯的亮度较高，平时不要随便使用，以免电量耗尽，等使用时却派不上用场。

10. 信号工具

在户外运动时，常会遇到一些突发状况甚至出现危害生命安全的情况，这时就需要运动参与者运用信号工具来告知他人。户外运动中常用的信号工具主要有以下几种。

（1）哨子。哨子不仅可以保持队友之间的联络，同时还能通过特定的声音组合发出求救信号。

（2）信号枪。信号枪发出的信号弹能很好地引起周围人的注意，从而使运动参与者获得解救。但是，信号枪必须要经过相关部门的批准才可使用。

（3）气球。气球的颜色鲜艳、携带方便，它不仅可以用于发出信号，还可以用来保存怕潮湿的物品。另外，在关键时刻，气球还可以用于装水、漂浮、捆绑、止血等。

（4）反光镜。小型的化妆镜、汽车后视镜等都可以很好地反射光线，借助太阳的光线可以向过往的飞机发出求救信号。

第五章　户外运动基本技能

户外运动是一项具有一定的探险性、刺激性和挑战性的体育运动项目，由于运动所在的场地是各种各样的自然地理环境，如山地、峡谷、草地、森林、沼泽等，这就需要户外运动者掌握一定的技能。通常来说，进行户外运动应该具备的基本技能主要包括对气候天气的辨别、对方向的辨别以及在野外行进的各种技术等，这些就是本章的主要内容。

第一节　气候天气辨别

多年天气状况的总和，就是所谓的气候；短时间大气现象的总和，就是所谓的天气。由于户外运动是在自然环境中进行的，因此受气候和天气情况的影响较大，这就需要户外运动者要掌握一定的辨别气候天气的技能。

一、气候辨别

对于新的气候，人们往往会表现出身体和心理上的不适应。为了尽可能地避免因不适应气候造成的危险发生，非常有必要了解、认识并掌握一定的野外行动所处的纬度、位置、海拔等知识。下面就具体介绍一下对不同气候类型的辨别依据和方法。

（一）极地气候的辨别

极地地区主要是指北纬 $60°33'$ 以北，南纬 $60°33'$ 以南的地区。这一地区的气候特点主要表现为：终年冰封雪裹、气温低下、异常寒冷。通常情况下，可以将极地气候分为两种具体的气候类型，即苔原地区气候和针叶林区气候，以气候特征的差异性为主要依据，可以将相应的气候类型辨别出来。

1. 苔原地区气候的辨别

在极地的南部，永久被冰雪封冻的地层，草木生长都受到阻滞的地区，就是所谓的苔原地区。用来辨别苔原地区气候的气候特征主要表现为：夏天冰雪会融化，但是植物的根部依然无法刺穿坚硬的封冻地层。另外，还需要注意的是，在高海拔的地区也会出现苔原地形。

2. 针叶林区气候的辨别

针叶林区主要分布在北半球，具体来说，在北极苔原与温带主大陆之间有一条宽达 1 300 千米的森林带，就是针叶林区。这一地区生存着许多较为珍贵的动物，常见的有麋鹿、熊、水獭、山猫、黑貂和松鼠以及其他更小的生物和多种鸟类等。

针叶林区的冬季和夏季有着非常显著的气候差异。其中，针叶林区的冬季主要表现为：严寒而且漫长，并且大部分的时间都是大地封冻，要想在冬季穿行这些地区，就必须穿着防寒衣物。除此之外，这一地区的河中还生长着各种鱼类，味道鲜美，利用到处倒地的林木扎个木筏，顺流而下，是一种非常惬意的事情，因此，可以采取沿河旅行的方式。

针叶林区的夏季相对较短，时间大约只有 5 个月，这一时期主要表现为：底层的冰冻会逐渐解冻，雨水丰沛，能够使植物的需要得到充分的满足。这一地区的河流两岸往往是草木茂盛，冰雪融化的积水存积在低洼地，就会形成沼泽，因此，在这一地区行走是非常艰难的。除此之外，蚊虫的叮咬也是应该注意的重要问题。

（二）热带气候的辨别

具体来说，热带气候包括的气候类型主要有：热带森林气候、热带大草原气候、沙漠气候以及热带山区气候，下面就分别介绍其各自的地理特点、气候特征，即辨别气候类型的主要依据。

1. 辨别热带森林气候

热带森林气候的地理特征：在地球上，属于热带森林气候的地区即在南北回归线之间包括广阔的可耕作区和各种环境的沼泽和沙漠地在内的大片陆地上，被热带雨林、亚热带雨林和高山林等原始森林所覆盖的地区占这一总面积的近1/3。

辨别热带森林气候的依据主要表现为：山川粗犷，降雨量十分充沛，江河众多，并且在靠近海岸的地带以及低洼区常常会形成大片的沼泽地。

2. 辨别热带大草原气候

热带大草原气候的地理特征:沙漠与热带雨林之间的地区是热带大草原气候的主要分布地区,这种气候分布较广,比如非洲大陆超出 1/3 的地区,澳大利亚的大部分地区,委内瑞拉和哥伦比亚的西南部平原以及巴西的热带草原等,都表现出显著的热带大草原气候。

热带大草原气候的特征主要表现为:边缘地带野草茂盛,全年平均气温偏高,水源较为稀缺,植物和群居野生动物往往会出现在水源充足的地方。

3. 辨别沙漠地区气候

沙漠地区气候的地理特征:地球陆地表面覆盖着大面积的沙漠,沙漠地区由于植被覆盖率低、沙地干旱贫瘠,因此,不适合人类生存。这一地区的沙漠并非全由沙子构成,还有一部分是由干涸河床的戈壁碎石构成的。由于沙漠地区植被较少,这些沙子和碎石会随着风缓缓向前移动。

沙漠地区的气候特征主要表现为:往往是晴空万里、烈日直射,昼夜温差极大,通常是白天温度很高而夜间却无法保温,甚至会降至零度以下。

4. 辨别热带山区气候

热带山区气候的地理特征:热带山区气候主要分布于南北回归线之间的山地地区。

热带山区气候特征主要表现为:常年空气干燥,终年降水稀少,温度变化比较大。有一些山区存在着微型气候,即山区的两面表现出的气候特征差异性较大。比如,整个大山的一侧面对赤道,那么其气候特征就主要表现为阳光、雨水充足、气候适宜;而大山的另外一侧的气候特征则表现为终年无雨。

(三)温带气候的辨别

温带气候是最适宜人类生存的气候类型,具体来说,其气候类型主要包括温带草原气候、落叶林气候以及温带山区气候,每种气候类型都有其特殊的地理特征和气候特征。

1. 辨别温带草原气候

温带草原气候的地理特征:内陆地区是温带草原气候的主要分布地区。

温带草原气候的特征主要表现为:夏季炎热,冬季寒冷,降雨量适中。因此,温带草原地区是全球食物(种植谷物、饲养牛羊)最大的产区。另外,在此地区进行野外行动,有两个方面的问题需要注意:首先,要考虑夏季里的水源问题;其次,还要考虑冬季庇护所的问题。

2. 辨别落叶林气候

在天气变暖,冬季也不那么严寒的地区,针叶林往往会被落叶林所替代。在不同的地区,会有不同种类的树木在生长着,比如,橡树、山毛榉、枫树和核桃树是美洲大陆的主要树种;栗树、菩提树、橡树和山毛榉是亚欧大陆的主要树种。落叶林落叶后,就会使土壤富含腐殖质,这种土壤对于多种植物和真菌的生长是非常适合的。由此可以看出,对于经常参加野外行动的人来讲,在这里运动和探险通常是比较安全的,一般情况下是不会发生危险的。

3. 辨别温带山地气候

温带山地气候的地理特征:温带地区的山地,是这一气候的主要分布地区。

温带山地气候的特征主要表现为:气温随高度的变化而变化。通常情况下,山下的气温要比山上的气温高,且高度每增加 100 米,气温就会下降 $0.5℃\sim1℃$。因此,如果户外运动者在一座处于温带的高山上进行户外行动,那么,在山上的不同高度的地区,可以看到各种不同的景象。

另外,四季分明也是温带山地气候的显著特征。比如,有些时候,冬季的气温在零度以下,而到了夏季则往往会出现夜晚无霜的现象。除此之外,温带山地的特殊地形会对风产生极大的影响。比如,在迎风坡面形成降雨。如果在背风坡面分离有一定程度的减弱,那么,就会使得气温随之有所上升,降雨量也就有所减少,这就形成了人们常说的雨影效应。

二、天气辨别

户外运动受天气的影响也是比较大的。由于在户外通过电视、报纸、收音机获取天气信息的可行性较差,因此,非常有必要掌握一定的通过观察自然界的各种变化来预测天气情况的技能,这是非常重要的。通常情况下,对天气情况进行预测的方法主要有以下几个方面。

(一)观察云层

通过观察云层来预测天气,是比较有效的途径,通过观察云层这一途径来预测天气的方法具体有以下几种。

1. 根据与云有关的谚语来对天气进行预测

我国民间以云层的变化为主要依据来识别未来可能出现的天气的谚语有很多，下面就举例介绍几个常见的谚语及对天气的预测情况。

(1)"日落火烧云，明朝晒死人"：如果傍晚日落时有红云出现，那么就说明第二天一定是个大晴天。

(2)"红云变黑云，必是大雨淋"：如果原先太阳初升时的红云变成了黑云，就说明肯定会有大雨降临。

(3)"早上云如山，黄昏雨连连"、"早起乌云现东方，无雨也有风"：在夏天的早晨，如果东方一大早就出现了乌云，那么就说明当天要么会有雨水降临，要么就会有大风出现。

(4)"朝霞不出门，晚霞行千里"：如果彩霞出现在早上，那么就说明天气可能会变坏，因此最好不要行远路；但如果彩霞出现在傍晚时分，那么就说明天气不会变坏，可以放心大胆地出远门。

(5)"日落黑云接，风雨定猛烈"、"乌云接日头，半夜雨稠稠"、"日在云里走，雨在半夜后"：这几个谚语都表示，如果太阳落山时有乌云出现，那么半夜或是第二天肯定有很猛烈的风雨降临。

2. 根据云层形态种类来对天气进行预测

云层形态多种多样，其中，常见的主要有以下几种，并且不同的云层形态会预示着不同的天气情况，具体如下。

(1)卷云：卷云也被称为"马尾云"，它是由微小的冰粒组成的，与羽毛、丝带相类似，一般情况下，出现在地表上空 6 千米。如果有卷云出现，往往预示着好天气，但如果是在寒冷的季节并伴有强劲的北风，那么则预示着将有大风雪来临。

(2)层云：人们往往将高山浓雾误认为层云，其实它是由大量的水滴构成的，与一层一层的灰色云朵相类似。如果有层云出现，则预示着未来会出现降雨或降雪。但是，如果在夜间的层云越来越厚，在清晨的空中覆盖，那么则是晴朗天气即将到来的预兆。

(3)积云：积云通常会在海拔 2.5 千米以内出现，与团团棉絮相类似。一般来说，如果积云发展得越来越大，且前端越来越多，那么就说明很可能会有暴风雨来临；但是，如果积云彼此分开，漂浮在空中，那么则预示着将有一个美好的晴天出现。

(4)卷层云：如果卷层云在卷云之后出现，那么，这将是恶劣天气即将到来的预兆。

(5)卷积云：卷积云是成堆的白色云朵，往往出现在 5～8 千米的海拔，因其与波纹状的鱼鳞相类似，因此，又被称为"鱼鳞云"。如果有卷积云出现，那么就说明晴朗的天气即将到来。

(6)高层云：高层云与灰色的幕幔相似，常在 2.56 千米的高度出现。如果湿空气靠近它，就会代之云盘消失，云层就会变厚、变暗，这是即将出现降雨天气的前兆。

(7)积雨云：积雨云是低层雷云，一般在 6 千米左右的高空出现。通常情况下，积雨云会呈现出底平顶圆的奇怪形状，且颜色乌暗。如果有积雨云出现，那么则是强风暴雨、雷鸣电闪即将到来的预兆。

(8)高积云：高积云类似于卷积云相，但相比较来说，高积云的覆盖范围更广，云层更厚，白中有黑。如果在暴雨之后有高积云出现，那么则预示着即将有良好的天气到来。

(9)雨层云：雨层云是低层乌云，雨层云出现后，通常会在 4 个小时内出现降雨天气，且降雨会持续长达几个小时。

(10)层积云：层积云云层较薄，呈覆瓦状，覆盖在整个天空，阳光可以从中透射下来。如果有层积云出现，那么这将是雷阵雨天气到来的前兆，但一般情况下会在午后消失，傍晚晴朗。

(二)观察雾气

对天气情况的预测还可以以雾气的出现与变化为主要依据。常见的预测天气情况的方法有以下几种。

(1)"十雾九晴"、"早雾晴，夜雾阴"、"早上雾蒙蒙，中午晒得皮肉痛"：如果早上有雾气出现，那么则说明会有晴天出现；如果晚上有雾，则是第二天的天气不会好的预兆。

(2)"雾收不起，大雨不止"、"日出雾难消，当日有雨"：如果阴天有雾气出现，那么一般是不会轻易消失的。如果有雾在原地不动，云向雾靠近的情况出现，或者有雾升高和云连起来，加厚云层的情况出现，那么这都是即将有坏天气出现的预兆。

(3)"久晴大雾阴，久雨大雾晴"：通常情况下，长时间保持晴朗天气，空气就会比较干燥，气压高，云层和大雾不易形成，因此，如果此时有大雾出现，就会导致气压降低，晴朗的天气会变成阴天。如果长时间保持连续降雨的天气，那么地面水分蒸发就会形成雾气，而雾气被蒸发后就会使得天气即将有由阴转晴的趋势。

（三）观察动物

野外的一些动物对天气变化有着非常敏感的反应，因此，在进行户外运动中，可以根据动物的相关情况来对天气情况进行预测。

1. 蚂蚁

相较于其他动物来说，蚂蚁对天气变化有着更加敏感的反应。如果出现黑色的长脚蚂蚁忙碌着寻找食物并且搬土垒窝，那么就说明会有较大的雨水天气即将来临。"蚂蚁垒窝，要涨大水"；"蚂蚁筑防道，准有大雨到"；"蚂蚁筑坝阵，雷雨盈寸深"等谚语就充分说明了这一现象。另外，如果发现黄蚂蚁在由低处向高处搬家的情况，那么则预示着即将有雨水天气到来；反之，则是天气可能很快就会转晴的预兆。"蚂蚁搬家，天将雨"的谚语则充分证明了这一情景。

2. 蜻蜓

如果蜻蜓等昆虫飞的高度较低，那么则说明即将会有雨天来临。能够充分反映这一现象的谚语有"蜻蜓满天飞，风雨在眼前"等。

3. 青蛙

青蛙在水、土和空气的温度、湿度的变化等方面有着很敏感的反应。比如，青蛙发出既大又密的叫声，则是气压突然下降、潮湿闷热的预兆；如果青蛙叫得更明显，则是雷阵雨即将来临的预兆；雨后，如果青蛙的叫声渐少，那么就说明天气将要转晴；如果青蛙突然在白天叫起来，这是大雨即将来临的预兆。能够充分体现这些现象的谚语主要有："青蛙叫，大雨到"；"上午青蛙叫，午后雨飘飘"；"青蛙白天叫得紧，下雨不用等时辰"等。

4. 蜘蛛

蜘蛛是靠织网捕捉小飞虫为生的。通常情况下，在雨天，由于天气变温，蜘蛛网会受潮，黏度减小，因此，蜘蛛一般会很难捕捉到小虫；但是，如果是在天气要转好时，小飞虫的活跃度也会增高，这时候蜘蛛就会加紧织网，以捕捉飞虫。因此，如果有蜘蛛忙忙碌碌地在网上添丝的情况出现，那么就说明天气即将好转。"蜘蛛张网天将晴"的谚语就是这一情况的真实写照。

5. 蝉

如果出现树上的蝉在下雨天放声鸣叫的情况，那么就说明天气即将转晴。能够充分反映这一现象的谚语主要有"雨中蝉鸣,很快放晴","雨中蝉声叫,预告晴天到"等。

6. 蜜蜂

在雨天,蜜蜂往往会受到飞行困难和植物花蕊分泌少的影响,而在巢里休息。如果天气转晴,气温升高,那么蜜蜂的飞行就会较容易,且植物分泌的花蕊也增多,这时候勤劳的蜜蜂就会到处去采蜜。因此,如果看到蜜蜂出窝采蜜,则是天气即将放晴的预兆。能够充分体现这一现象的谚语有很多,比如"蜜蜂出窝天放晴"等。

7. 燕子

如果看到燕子在高空中捕食的情况,则说明是晴天;如果燕子飞得较低,那么就是暴风雨即将来临的预兆。

8. 蚊子、苍蝇

如果出现蚊子、苍蝇到处乱飞,且特别活跃的情况,那么就说明即将会有雨水天气出现。"蚊子飞成球,风雨将临头","蚊子骤然多,明日雨滂沱"等谚语就充分说明了这一现象。

9. 兔子、松鼠

如果出现兔子或松鼠在寻找食物、贮存粮食的情况,那么就说明第二天的天气将会变得糟糕。

10. 蚯蚓、蛇

蚯蚓和蛇都比较怕雨,因此,如果出现蚯蚓和蛇爬出洞的情况,那么就说明即将有雨水天气出现。"蚯蚓上路,出门有雨","蛇挡道,大雨到"的谚语就充分说明了这一现象。

(四)其他预测方法

除了以上几种常用的辨别天气情况的方法和途径外,还有一些其他的较为实用的辨别天气情况的方法。具体可以根据实际需要有针对性地选择,以达到较为准确地辨别天气的目的。

(1)以烟火上升的情况为主要依据来对天气情况进行辨别。如果烟火稳稳地上升,那么就说明第二天的天气变化不会太大;如果出现烟火闪烁不定,或者是升起又降下的情况,那么就是可能会有暴风雨来临的预兆。

（2）如果你感觉木制工具的把手变得紧了一些，或者盐的潮气有所增加，那么，往往就会出现暴风雨即将来临的情况。

（3）如果出现清晨满山是雾，到了傍晚时仍没有消散的情况，而且夜间气温会升高，很闷、很热，并在黎明前星光闪烁不定，那么就说明天气情况将会变得越来越差。反过来说，如果出现清晨地面上有露水或是霜冻，傍晚或深夜，天空的星光很稳定，只有很少的星星在闪烁的情况，那么则说明天气将会变得越来越好。

（4）如果太阳周围出现了一个"大晕圈"，这是将会下雨的前兆；如果月亮的周围出现了一个"小晕圈"，那么则说明将会有大风天气降临。

（5）如果声音传得较远，或者容易闻到空气中的味道，并且暴露在空气中的皮肤有黏黏的感觉，这说明即将有阴雨天气出现。

（6）有关节炎、鸡眼或者曾经动过手术的人如果感觉到酸疼或是出现其他很不舒服的感觉，那么就说明即将会有阴雨天气出现。

（7）如果卷发的人感觉头发特别容易缠绕在一起，不如通常那样挺直、易梳理，那么，这就是天气即将变得越来越坏的预兆。

通过以上几方面的经验，可以对天气情况进行一定的预测。但是，不能根据其中的某一种现象就判定天气的变化情况，大自然的变化往往是变幻莫测的，因而要根据实际情况进行灵活的判断。

第二节　户外方向辨别

进行户外运动时，往往会有迷路的现象出现，因此，有必要熟练掌握一定的户外运动定向技能。户外定向的方法有很多，下面就重点介绍一些实用性较强的辨别方向的方法。

一、利用指向仪器辨别方向

在户外运动中，辨别方向时用到的指向仪器主要有三种，即指南针、罗盘以及卫星定位系统等。

（一）指南针

关于指南针的使用步骤及方法，大致可以分为两个方面：第一，将指南针水平放置，使气泡居中，当磁针静止后，其标有"N"的黑色一端所指的就是北方;第二,打开指南针,将照准器对准目标,或将刻度盘上的 0 刻度对准目标,使目标、0 刻度和磁针中点在同一直线上,指南针水平静止后,N 端所指的刻度便是测量点至目标的方位,如磁针 N 端指向 30°,则目标在测量位置的北偏东 30°。

在户外运动中利用指南针来进行方向的辨别时,需要注意以下几个方面的问题:首先,使用指南针时要保持水平放置;其次,不要离磁性物质太近;再次,不要将磁针的 S 端误作北方,造成方向误差;最后,如果在磁场区,掌握活动地区的磁偏角,以利于多方向进行校正。

(二)罗盘

罗盘是指南针的一种类型,由于罗盘比指南针增加了刻度盘和标尺(图 5-1),因此也被称为"分度规指南针"。罗盘的作用主要表现在两个方面:一个是指示方向;另一个则是配合地图确定自己的位置、测量距离、校正前进方向等。具体来说,罗盘的使用方法可以大致分为以下几个步骤。

第一步:先用罗盘上的指南针找到正北,并将地图按照上北下南的位置放好。

第二步:在地图上将自己所在的位置和目的地的位置找出来,并在两点间划一条直线。

第三步:先将罗盘底座的边缘与直线重合,这时候边缘刻度会将地图上两点之间的距离测量出来,然后通过比例尺可以将两点之间的实际垂直距离换算出来。

第四步:读出指针与直线之间的夹角度数,就是所谓的前进的方向角。

第五步:遇到高山、河流需要绕行时,需要注意要先绕过障碍后,再对方向进行及时校正。

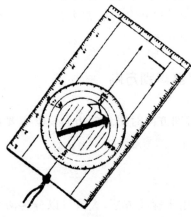

图 5-1

(三)卫星定位系统

卫星定位系统(Global Positioning System,简称 GPS)是目前较为先进的定位仪器。卫星定位系统的基本原理为:以高速运动的卫星瞬间位置作为已知的起算数据为主要依据,采用空间距离后方交会的方法,将待测点的位置确定下来。使用 GPS 时,只要按照说明书使用即可,不需要技巧。

二、无指向仪器时方向的辨别

在户外运动中,如果没有可以借助的指向仪器,那么就需要借助其他工具和事物来辨别方向。具体来说,无指向仪器时辨别方向的方法主要有以下几种。

(一)借助工具来辨别方向

在户外运动中,进行方向辨别常用的工具主要有两种,一种是手表,一种是金属丝。

1. 手表

在户外运动中,可以根据手表来将方向确定下来。具体的辨别方法为:在上午 9 时至下午 4 时之间,按"时数折半对太阳,'12'指的是北方"这句话去做,就能够将大概的方向确定下来。比如这时为上午 9 时,那么就应该以 4 时 30 分的位置对向太阳;如果这时为下午 2 时 40 分(即 14 时 40 分),那么就应该以 7 时 20 分的位置对向太阳,此时"12"字的方向即为北方。在运用手表辨别方向的方法时,为了能够使判定的准确性得到有效保证,需要注意:在"时数折半"的位置上竖一细针或草棍,并使其阴影通过表盘中心(图 5-2)。

图 5-2

2. 金属丝

通过运用金属丝来确定方向的方法为:用细的金属丝(缝衣针也可以)

在头发、化学纤维上按同一方向摩擦,使其产生极性,然后将其悬吊或者漂浮,以减少阻力,这样金属丝就会逐渐将南北方向指出来(图 5-3)。

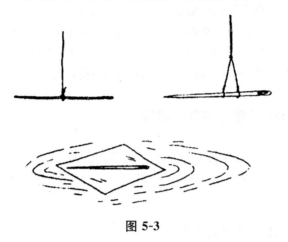

图 5-3

(二)以植物特征为依据来辨别方向

在户外运动中,根据植物和地物特征的差异性,也能够较好地将方向辨别出来。

1. 利用植物特征辨别方向

(1)以植物形状为依据来辨别方向。处于山嘴、岸边、风口处的孤立乔木通常可以用来指示方向。以北半球为例,受季节风的影响,山口的松树往往是南侧的树枝、叶茂盛,北侧相对稀少;另外,岸边的柳树枝条也会向南侧倾斜。

(2)以植物的趋光性为依据来辨别方向。以北半球为例,植物大部分的花朵、叶子都朝向南方,并且朝南的一侧枝叶茂盛,色泽鲜艳,树皮光滑,向北的一侧则相反。按照此标准,可以将大致方向确定出来。

(3)以喜阴植物为依据辨别方向。地衣、苔藓等为典型的喜阴植物,如果在阳面,它们主要表现为:叶子较小、较干燥、手感较硬,并且有发黄、棕、红的倾向;如果在阴面,它们则主要表现为:叶子较大、较湿润、容易折断,多呈绿色。

2. 利用地物特征辨别方向

(1)根据庙宇辨别方向:尤其是庙宇群中的主要殿堂,通常都是将门设为朝南的。

（2）根据凹入地物辨别方向：河流、水塘、坑等向北一侧的边缘（岸、边）的情况与凸出地物相同。

（3）根据凸出地物辨别方向：通常情况下，墙、地埂、石块等向北一侧的基部较潮湿，并可能生长苔类植物。

（三）以星星为依据来辨别方向

由于我国位于地球的北半球，因此，在晴朗的夜晚，无论在什么位置，都可以看到北极星。北极星位于正北天空。通过两种方法，可以将北极星寻找出来。一种是以北斗七星（即大熊星座）为主要依据来确定。具体的寻找方法为：北斗七星是七个比较亮的星，形状像一把勺子，将勺头 βα 两星连一直线向勺口方向延长，约为 αβ 两星间隔的五倍处，有一颗略暗的星，即北极星（图 5-4）。还有一种利用 W 星（即仙后星座）来确定北极星的方法。这种方法主要用于当地球自转，看不到北斗七星时。具体的寻找方法为：W 星由五颗较亮的星组成，形状像个"W"字母，向 W 字缺口方向延伸约为缺口宽度的两倍处，就是北极星。

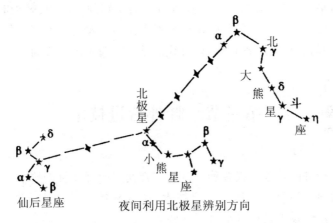

夜间利用北极星辨别方向

图 5-4

（四）辨别方向的其他方法

在户外运动中，除了以上几种较为常见的进行方向辨别的方法外，还可以以风向、残雪以及日影等为主要依据来辨别方向。

1. 以风向为依据进行方向辨别

季节风往往都有一定的方向性，在我国多数地区，都可以根据季节风的走向这一标准来辨别方向。通常情况下，春天主要为南风，夏天主要为西南风,秋天主要为东北风,冬天则主要是北风。另外,需要强调的是,为了提高方向的准确性,可以有针对性地与其他方法相结合而进行综合的方向辨别。

2. 以残雪为依据进行方向辨别

在冬天或者是下过雪以后的地区,通常都会采取通过观察残雪的融化状态来辨别方向的方法,这是一种非常有效的方向辨别方法。需要注意的是,只有至少是两天前的残雪才有效。通常情况下,阴面的雪要较阳面的雪松散。如果天气不是很冷(-15℃左右),阳面的雪上会出现融化的痕迹;如果白天的最高温度能够达到-5℃左右,那么阳面的雪就会出现蜂巢状融痕。这些都可以作为辨别方向的主要依据。

3. 以日影为依据进行方向辨别

在户外运动中,可以根据太阳东升西落的特点来进行方向辨别。但是,需要注意的是,在户外行动中迷失方向的时候并不一定正好是日出或日落时分,这时候就需要根据日影这一重要依据来辨别方向。

具体来说,以日影为主要依据进行方向辨别的方法为:晴天时,在地上竖立一木棍,木棍的影子随太阳位置的变化而移动,这些影子在中午时最短,其末端的连线是一条直线,该直线的垂直方向是南北方向。

第三节　野外行进技术

野外行进的技术有很多种,其中,较常使用的野外行进技术主要包括四大类,即徒步越野技术、涉渡河流技术、穿越丛林技术以及雪坡攀行技术。本节将对这些技术进行详细分析和阐述。

一、徒步越野技术

(一)夜间行走方法

在陌生地域夜间行进,通常都是比较危险的,除了在沙漠地区行走较为舒服。因此,为了保证夜间行进的安全性,就要求野外行动者要掌握一定的在夜间行走的正确方法。

一般来说,夜间不会漆黑一团,而人的室外夜视能力并非完全消失,因此,可以对夜间物体的边缘和轮廓进行观察。经过 30~40 分钟的时间,眼睛会对黑暗的环境逐渐适应下来,从而也会使夜视能力越来越强,但是,需要强调的是,为了保证这种夜视能力,一定要注意避免亮光刺激,否则会导致这种能力消失,需要重新建立。如果在夜间需要查看地图,则应该用红色滤片覆在电筒前面,这样能够较好地维持夜视能力。黑暗中听觉和嗅觉会较为灵敏,可以以此来辨别夜晚看不见的一些信息,比如,可以通过河中流水的声音,来预测它的流速;也可以通过黑暗中草本的气息和各种气味来帮助判断相关信息。另外,黑夜里行走应缓慢前进,步幅要放小,重心前移之前应先试探一下,如果是下坡,可以使身体重心后移拖着脚走。

尽管在夜间也可以通过视觉、听觉和嗅觉获取一些有用的信息,但是,为了保证方向的正确性,一定要充分发挥指南针的作用。除此之外,还要注意尽可能沿开阔地行进。

(二)草坡碎石坡的行进方法

户外运动中,在草坡碎石坡行进的方法主要分为两种,一种是上行方法,一种是下行方法,具体如下。

1. 草坡碎石坡的上行方法

在户外运动过程中,经常会遇到草坡和碎石坡。对于户外运动者来说,掌握草坡碎石坡的行进方法非常重要。在这种地方行进,不仅要注意路线的正确性和安全性,还要注意选择适宜的行进方法。具体来说,适宜在草坡碎石坡行进的方法主要有两种,即直线攀登法和"之"字形攀登法,在不同的情况下有针对性地选择适宜的行进方法。

(1)直线攀登法

直线攀登的具体方法为:走上坡路时,身体稍向前倾,全脚掌着地,两膝弯曲,两脚呈八字形,迈步不要过大过快。提步要自然,不要提膝过高,尽量利用大腿肌肉力量来提升身体,步幅不要太多,但也不宜过大,要一步一步踏实地走。直线攀登法主要适用于攀登坡度在 30°以下的山坡。

(2)"之"字形攀登法

"之"字形攀登的具体方法为:攀登时,腿微微弯曲,上体前倾;内侧脚脚尖向前,全脚掌着地(主要用脚外侧蹬地),外侧脚脚尖稍向外撇(主要用脚跟蹬地)。在采用"之"字形行走时,为了更好地保持身体平衡,应该注意的是,向左转弯时要先迈左脚,向右转弯时要先迈右脚。"之"字形攀登法主要适用于攀登坡度大于 30°的山坡。

2. 草坡碎石坡的下行方法

俗语说:"上山容易下山难",这主要是因为下山时人体不易掌握自身的平衡而容易产生翻滚。因此,要想顺利走下草坡碎石坡,就必须遵循"上山弯腰,下山凸肚"的原则,具体来说,就是上山时上体要前倾,下山时身体要后倾,这样能够较好地保持平衡。

由于山坡的具体情况不同,因此,在选择下坡方法时,要有一定的针对性。具体来说,主要有以下三种情况。

(1)如果山坡的下坡度小于 30°,那么应该采取的适宜的下行方法应为:两腿微微弯曲,膝关节放松,用脚跟先着地,身体重心先放在两脚跟上,尔后过渡到全脚掌,将整个身体的重量压在脚上,步子要小而有弹性(这种下法速度较快)。

(2)如果山坡的下坡度大于 30°,那么应该采取的适宜的下行方法为:内侧脚用脚掌和脚外侧蹬地,外侧脚用脚跟和脚内侧蹬地;身体向内后方(指山坡方向)倾斜以保持身体的平衡。

(3)如果要经过的是河流上游的碎石滩地、沟谷出口以及坡麓地带的倒石堆等碎石地,那么首先要注意先对石块的稳固性进行试探,不要一下子用力踩在石块上,尽可能地避免因失去平衡而导致的滑倒、受伤和腿骨骨折,然后才能在此基础上用小步子逐渐行进。

(三)山区行进方法

在山区行进时,为了避免迷失方向,也为了保证行进的充足体力和行进速度,应该遵循一定的原则,具体为:有道路就不穿林翻山;有大路不走小路;走高不走低、走梁不走沟、走纵不走横。

1. 没有道路的行进方法

如果在行进过程中没有道路,那么,也应该遵循一定的原则,即走梁不走沟、走纵不走横。具体来说,就是要选择在纵向的山梁、山脊、山腰、河流小溪边缘,以及树高、林稀、空隙大、草丛低疏的地形上行进,相对来说,在这些地形上行进的难度要较小一些。另外,也可以沿山体斜面和山脊线行进,这样有利于夜间观察目标和方向,从而能够更好地保证行进的安全性。在行进过程中需要注意的是,上坡时身体重心前移下踏,必要时可手脚并用,沿山体斜面行进时,身体尽量向山体一侧倾斜,两脚侧面用力,以保证身体的平衡性。

2. 滑倒的预防与处理

在山区行进过程中,往往会出现滑倒的现象,为了保证行进的安全性,避免滑倒,有几个方面需要注意:首先,尽量不要滑倒,如果不小心滑倒,也不要惊慌失措,应立即面向山坡,张开两臂,伸直两腿(脚尖翘起),使身体的重心尽量上移,从而减低向下滑落的速度;其次,要在滑行过程中尽可能地抓住攀抓物和支撑物,以降低滑行的速度或者阻止下滑;再次,为了避免滑行中造成翻滚,滑倒时千万不要面朝外坐。

3. 雨季行进的方法

如果雨季在山地行进,保证安全是最重要的。具体来说,应该采取的措施主要有:第一,尽量避开沟谷、河溪等低洼地,防止被大水冲走;第二,大树常常引来落地雷,使人遭到雷击,因此,如果在行进中遇到雷雨,应该立即到附近的低洼地或稠密的灌木丛去,切忌躲在高大的树下,以避免雷击的危险;第三,由于随时携带的金属物品也会引起雷击,因此,在雨中行走时,要暂时将这些物品放在稍远的安全地方,避免不必要的伤害。

另外,在山地行进中如果遇到风雪、浓雾、强风等恶劣天气,应采取的措施为:立即停止行进,躲避在山崖下或山洞里,等到天气变好时,再根据实际情况选择继续行进。

4. 注意事项

由于山区地形复杂,行进的困难较大,对户外运动者的体能消耗非常大,因此,一定不要过高估计自己的体力,如果出现疲劳就积极地进行休息,以保持充足的体力,切忌走到快累垮了才休息,这样不仅不利于体力的及时恢复,而且还有可能出现损伤,影响行进速度,严重者还会出现一定的危险性。

在山区行进过程中,应采取降低疲劳的发生率、保持体力的方法,主要有三个方面:首先,可以大步走一段,再放松缓步慢行一段,或停下来休息一会,调整呼吸;其次,如果站着休息,不要卸掉装具背包,为了使身体负重减轻一些,可以在背包下支撑一根木棍;再次,如果天气冷,一定要注意不要坐在石头上休息,因为石头会迅速将身体的热量吸走,从而使体力降低。

(四)通过栈道的行进方法

山间的栈道往往具有一定的危险性,这是因为山间的栈道往往一面是峡壁,一面是河谷,下面是悬崖万丈,只容一人通行。另外,户外运动者人人都背着背包,如果突然转身或下蹲,背包碰到岩壁上,往往会把自己顶出去,发生危险。这些都决定着要想顺利通过栈道,除了要有安全意识外,还要掌握一定的正确的行进方法,具体应该为:面向岩壁侧身,使身体或身体重心尽量贴靠在岩壁的一侧,缓慢移动通过,一定注意不要紧张或疏忽大意。

(五)荒漠戈壁区域行进方法

荒漠戈壁的特征主要表现为:气候干燥、降水稀少、蒸发量大、植被贫乏、湿润指数在 0.20 以下;土地十分贫瘠,日气温差很大,风力作用强烈。因此,需要注意以下几个方面:首先,如果白天在荒漠戈壁行进,则应该注意防晒、抗高温;其次,如果在夜晚行进,则需要做好保暖的准备;再次,一定要准备充足的水和食物。

由于荒漠地区的没有显著的方位辨识标志,荒漠区周围环境很相似,在流动沙丘广泛分布的区域,地表随时都在改变自己的形态,尤其是受到大风的影响,地表形态往往会发生彻底的改变。因此,在荒漠分布区行进时,一定要经常核对自己的方位,以避免迷路。具体应该采取的辨识方位和方向的措施主要包括:第一,野外行动者必须经常使用地图、罗盘或 GPS 确定自己的方位;第二,如果没有地图和定(向)位仪器,可以根据日月星辰来定向,并且选择公路、小路、水源或者有人烟的地方等,其中,沿早先商队或游牧部落留下的道路和轨迹行走是比较好的选择;第三,如果要在荒漠戈壁中找水,可以将骆驼和植物作为主要的指向标志。

二、穿越丛林技术

(一)穿越山区丛林

在野外行进过程中,往往会遇到山区丛林,穿越丛林时,为了保证行进的顺利进行和安全性,一定要注意方向和联系这两个重要方面。因此,在穿越不熟悉的山林时,一定要带上指南针,并且加强通讯联络,最好请熟悉该地区地形的人作向导,以免迷失方向或者队伍走散。除此之外,还要注意穿戴好服装和装备,以防止丛林中动植物的伤害;选择适宜的行进方式,提高行进效率。

1. 穿戴好服装和装备

在丛林地中行进,对服装和装备的要求较高,即要求行进者要穿高腰鞋子,并要扎紧裤腿和袖口、领口,最好将裤腿塞进鞋子里面,有条件的应戴手套。这样穿戴服装和设备,能够保证自身的安全,即不仅能够避免和减少草木枝杈刺伤或划破皮肤,而且还能防止蚊虫叮咬。另外,由于丛林中危险的动物较多,为了防止来自这些动物的危险,要掌握一定的措施,比如,可以在鞋面上涂驱避剂或肥皂,以防止蚂蟥往身上爬;行进中可用木棍"打草惊蛇",要防止毒蛇的袭击,即使是无毒的蛇,也要尽量观察仔细,避免被其咬到;如果遇到成群的毒蜂,可以快跑躲避毒蜂的追赶,也可以伏地蹲下,用雨衣遮住皮肤,另外,潜入水中也是比较好的方法之一,其中最好的方法是快跑。

2. 选择适宜的行进方式

山区丛林中地形复杂,植被茂盛,在行进过程中要根据实际情况选择相应的行进方式。

如果是在高草地行进,应该选取的正确的行进方式为:先在前面高处选一个明显方位物,算好距离和时间,然后戴上手套,护住两耳及面部,开始前行;如果在预计时间内没有到达目标,就应该停下寻找预定的方位物,校正方向后再前进;如果遇到藤蔓竹草交织的情况,就应该用砍刀开路行进;如果藤木是横着挡道的,那么就应该遵循"两刀三段,拿掉中间"的原则,如果藤木是直着挡道的,那么应该遵循的原则就为"一刀两段,拨开就算"。

如果是在草丛不是很茂密的丛林中行进,在经过时应该遵循"高草分"、"低草压"或"低草迈"的原则;而对于草深浓密的茅草丛地,用刀开路时,应该采用的正确方法为:"不过头,两边分,从中走;不见天,吹个洞,往里钻"。

(二)穿越热带雨林

如果要穿越热带雨林或寻找出路,在选择路线时,应该遵循最安全、阻碍最小的原则。为了保证在热带雨林中安全行进,一定要注意自己的行进方向和所在位置。在进入热带雨林前,需要做好充分的准备工作,具体包括四个方面:首先,要保持身体状况良好;其次,要准备齐全个人装备和专用装备;再次,要准备充足的食物和水;最后,要有良好的导航装备和使用能力。

在穿过密集的植物时,为了避免植物对自身的伤害,保证安全、顺利地通过,需要注意以下几个方面:第一,动作要慢、要稳,并且还要经常停下来聆听周围的动静,辨明方位;第二,要注意不要用身体直接接触植物,应该用一根树枝或棍棒来分开植物,免得身体触磁火蚁;第三,根据野兽踩出的道路,找到水源或者比较开阔的地方。

三、涉渡河流技术

在野外行进过程中，如果遇到河流，不要鲁莽地直接涉渡河流，为了保证渡河的安全性，应该首先对河流的基本情况进行大致的了解，如果河流较浅、流速慢、河底结构稳固，且气温较为适宜，就可以慢慢地蹚过去。但是，如果水流湍急，水温低，河床坎坷不平，涉渡时要有适当的保护。下面就介绍几种常用的有保护措施的渡河方法。

（一）徒步涉水渡河

如果河流的水流不太急或者河水较浅，就可以采用徒步涉水渡河的方法。具体来说，徒步涉水渡河的方式大致有三种，即单人、双人和多人渡河。

1. 单人渡河

单人渡河时，用到的保护措施主要有：长棍（或帐篷杆、竹竿等）、保护绳等，其主要作用为防止渡河者滑倒或者被河水冲走。具体来说，单人渡河时，要用一根长棍（或帐篷杆、竹竿等）撑着河底渡河，但是，需要强调的是，木棍的支点要在水的上游一侧，并与两脚一起形成三个支点，这样能使身体和木棍成比较牢固的状态，避免滑倒。正确的渡河方法是：两脚交替向前移动时，身体稍微向上游倾斜，依靠木棍的支点，在两脚站稳后再向前移动木棍。在渡河过程中，需要注意：向前出脚时不要太快、太高，步子不要太大，要固定两个支点后再移动另一个支点。如果水流较急，为了防止渡河者被水流冲走，需要两人配合过河，即在腰间系上保护绳，一人站在岸上保护，一人渡河，如果渡河的人在水中摔倒或被水冲倒，在岸上保护的人就能够用保护绳拉住渡河的人，以保证渡河者的安全（图 5-5）。

图 5-5

2. 双人渡河

两人一起渡河时，要相互扶持，在保持身体平衡的条件下，缓慢地渡过河流。正确的方法是：两人对面站立，双手相互搭在肩上，做侧向跨步前进。渡河过程中，需要注意的是：前进时，两人步调必须一致，否则容易导致两人失去平衡，从而滑倒(图5-6)。

图 5-6

3. 多人渡河

当渡河人数很多时，通常会采用多人渡河的方式，具体来说，就是将三到五人分为一组采用"墙式"渡河法。正确的"墙式"渡河法为：几个人站成一列横队，互搭肩膀，身体强壮者应于上游方向，面向对岸移动前进过河。

除此之外，"轮状"渡河法也是多人渡河时经常采用的方式，其正确的方法为：四五个人围成一个圆圈，互搭臂膀，朝着水流方向像车轮一样地转动，横渡前进(图5-7)。

图 5-7

(二)牵引渡河

如果涉渡的河流水流湍急，河底多尖石，水温低而水又深，且河面不是很宽，那么就应该采取牵引渡河的方式。牵引渡河的正确方法是：先将绳的一端固定在河岸的大树上,由一人绕道或涉水过河将绳的另一端固定于对岸的树上或地面上,使牵引绳在两岸的固定点有一定的高低落差,其他人员可用滑车或铁锁在牵引绳上滑行渡河。

(三)木筏竹筏渡河

如果遇到的河流较宽或水深流急时,可就地取材制作漂渡工具,如木筏子、竹筏子等(图5-8)。需要强调的是,由于河流较宽或者水深急流时,其内部的情况较为复杂,为了避免危险的发生,一定不要轻易徒步涉渡。

图 5-8

(四)泅渡方式过河

如果遇到的河流水深但流速缓,且户外活动者会游泳,那么就可以采用泅渡的方式过河。在进行泅渡过河时,有两个方面需要注意:首先,要将行装和物品整理好,并且将衣袖和裤腿平整地卷叠到手臂和大腿的适当位置;其次,在下水前,一定要做好充分的准备活动,以防止在泅渡过程中出现抽筋等现象。泅渡的过河方式具体可以分为三种,即直接泅渡、利用制式器材泅渡以及借助水上工具渡河。

1. 直接泅渡

直接泅渡就是通过游泳的方式,负重过河。适合负重泅渡的姿势只有两种,即蛙泳和侧泳。游的时候,一般来说,要注意保持适宜的速度,匀速游进,掌握好划水节奏,切忌游得太快或太慢,否则都会对体力造成很大的消耗。在泅渡过河中,如果遇到激流险滩或漩涡等,则要加速游进。

2. 利用制式器材泅渡

如果遇到的河流水面较为宽阔,那么就可以采用利用制式器材泅渡的方式渡河。在野外行进时,如果没有事先准备相关器材,可以利用身边的材料和物品制作简易的泅渡器材。常用的泅渡器材主要有雨布浮包、裤气囊以及竹筒漂浮器等。

（1）雨布浮包

制作雨布浮包所用到的材料主要是随身携带的雨布、雨衣、塑料袋等。具体的制作方法为：将雨布、雨衣、塑料袋摊开，胶质面向地，再将棉衣、空易拉罐、空塑料瓶、泡沫塑料等放在其上仔细密封包捆扎实即可。雨布浮包的浮力通常只有 5～7 千克。

（2）裤气囊

制作裤气囊的具体方法为：脱下自己的长裤，先用鞋带扎紧两个裤腿口，然后放入河中浸湿后拿起拧干，两手拿着裤腰处迅速向前兜气后，立即压入水中，将裤腰用鞋带等紧扣。裤气囊通常适用于渡水面窄的河流，主要是因为这种气囊通常只有 20 千克左右的浮力，在水中只能维持 5 分钟左右的时间。

（3）竹筒漂浮器

竹筒漂浮器具体的制作方法为：找 4～6 段孔径为 7 厘米、长度为 30～40 厘米的竹筒（两端必须留节），用绳子并联成排扎紧，扎出两排，留出背带即可。使用竹筒漂浮器泅渡时，要求渡河者的前胸和后背要各有一排，每排有 2～3 段竹筒，这样才能够保证有足够的浮力使渡河者漂起来。通常情况下，竹筒漂浮器的浮力在 8～12 千克。

3. 借助水上工具渡河

在野外行进过程中，如果遇到水面宽阔的河流和湖泊，以上两种方法就不适合了，而应该借助相关的水上工具进行渡河。在选用渡河工具时，一定要遵循安全、廉价和有效的原则。具体来说，包括两个方面：一方面，最好选择有正规的能购票乘坐的水上交通工具；另一方面，尽量选用现成的工具，减少工具制作的麻烦。

（五）架独木桥渡河

在野外行进过程中，如果遇到河道狭窄，水流湍急，无法涉水渡过，泅渡又不安全的山区河流时，通常都会采取架独木桥渡河的方式。但是，架独木桥的难度较大，不仅要掌握正确的制作独木桥的方法，还要熟练掌握过独木桥的方法，否则就无法顺利渡河。

1. 独木桥的制作过程

独木桥的制作过程分为两方面。一方面是独木桥的制作，具体的方法为：首先，采伐 1～3 根树木（粗竹），选择河岸两边高差不大的地方并排放置,彼此间用绳子扎紧;其次,要在此岸一端桥头挖一沟槽,将端头嵌入,以防滑倒。这样简易的独木桥就做好了。另一方面,是做好独木桥后,要将其固定在河流的两岸。具体的方法为:先将一根长度比河面宽的木材较粗的一头固定在此岸,靠近较细的一头处用绳索打结,由几个人先把木材拉起来,然后再慢慢地放绳子,把木材放到对岸。另外,需要强调的是,架好后,为了保证大家的安全,要先找一个技术较好的人先过去,做好保护之后,其余的人再逐个过去。

2. 过独木桥的方法

由于独木桥较窄,在上面行走的难度较大,要求行进者必须具有较高的平衡能力和技术,否则容易发生危险。因此,在过独木桥时,掌握正确的方法是非常重要且必要的。过独木桥的具体方法为:步幅跨开同肩宽,并以外八字走路,眼睛看前方一公尺左右处,一步步牢固贴在桥上,迅速走路。如果桥身不长,可以采取用稍快的速度行进,只要保持平衡,通常很容易就能走过。

四、雪坡攀行技术

如果遇到雪线以上的山峰,要顺利攀行,就一定要熟练掌握雪坡攀行技术。相对于攀岩来说,在雪坡行走具有更大的难度,通常采用的攀行方法为"三拍攀登法",即按三个步骤攀登:首先,先将冰镐把柄插入雪坡内,两手横握冰镐头的两端;其次,用一只脚尖用力蹬破雪面,而构成一个支撑点;再次,再用另一只脚向上,蹬破雪面构成另一个支撑点,向上攀登。

在雪坡攀行时,要注意根据雪坡的坡度而有针对性地进行步法选择。如果雪坡的坡度较缓,那么行走时向前迈出的脚应全部平展地踩在雪面凹部,体重随着脚的下蹬而前移,后脚自然跟上。在攀行时,有几个方面需要注意:首先,上体尽量放松,并稍向前倾;其次,向前迈步下踏时要稍用力,步幅宜小,步幅过大将会影响身体重心的转移。以上几个方面是顺利攀行雪坡的重要保证。如果雪坡的坡度较大,应该选择的行进技术应为踢步技术。常见的踢步技术主要包括直线攀登、斜线攀登和水平横渡、直线下降及制动式滑降等。下面就重点介绍直线攀登、水平横渡和斜线攀登。

(一)直线攀登

直线攀登,具体的方法为:迈出脚的脚尖朝下,用鞋尖部分沿水平线垂直方向用力踢入冰雪面,身体重心随着脚的左右倒换,向上攀登移动。采用直线攀登法攀行雪坡时,为了保证攀行顺利,有两个方面需要注意:一方面,在踢入冰雪面时,开始应用力踢,使鞋底的二分之一没入冰雪层中;另一方面,上行步幅要小(图5-9)。

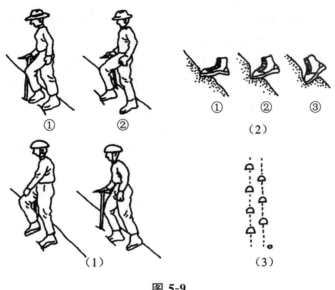

图 5-9

(二)水平横渡和斜线攀登

在雪坡上行走时,不管采用横切还是斜上的方法,要保证行进的安全性,都必须做到:靠雪坡一侧的脚一定要紧贴坡面水平用力踢,使脚切入冰雪面,使踩踏牢固(图5-10)。

图 5-10

由于冰川上裂隙很多,冰爆区和山麓边缘冰裂隙,尤其是被积雪掩盖的隐裂隙,都非常危险,往往会危及到人的生命,因此,在攀登冰川和雪坡时,一定要特别谨慎。通常情况下,在通过裂隙时,一定要几个人一组结伴行动,并且用绳子将队员连接起来,相邻两人之间的距离保持在 10~20 米为宜,这样如果其中某个队员发生滑倒,其余队员可以保证整体的安全性。除此之外,前面的队员一定要确定走的路线是安全的,后面的人一定要踩着前面人的脚印走,这样也能提高行进的安全性。

攀登冰川和雪坡时,为了避免危险的发生,要尽可能地不走或者少走有裂隙的地方。在不同的地形上行进,要有针对性地选择适宜的行走路线。比如,在积雪上行进,要拣雪硬的地方走;在山谷中行走,应该靠近山谷中心线行走,以避免山坡滚石。除此之外,为了避免雪崩的发生,还要注意不要接近雪檐,更不要在雪檐下行走。

第六章 山地户外运动项目实践

山地运动一般是指在海拔 3 500 米以下的山区、丘陵开展的与登山有关的户外运动。山地运动项目很多,根据地形可将山地户外运动分为丛林、峡谷、荒原等地域的运动。本章着重对其中的攀岩、野外生存、定向越野、山地自行车等运动项目的实践进行了具体分析。

第一节 攀岩

一、攀岩运动概述

攀岩是参与者在不借助外力的情况下,依靠自己手脚的力量和身体的平衡来克服自身重力,攀登陡峭岩壁或人造岩墙的一项新兴体育运动。它具有很强的惊险性、刺激性、技术性和趣味性,并以此吸引了大量勇于挑战自我的人参加到攀岩运动中来。

攀岩运动的起源要追溯到 18 世纪末期的"阿尔卑斯运动",即登山运动。在当时,攀登高山对于一般个体来说是相当困难的,而为了让更多的人了解、认识和参与登山运动,一些热爱登山运动的登山家把惊险、刺激且具有非凡观赏性的攀登悬崖峭壁的技术、方法移到郊外的自然岩壁,市内的室外、室内的人工攀岩壁上。在 20 世纪 50 年代,攀岩才真正以体育运动项目的身份在欧洲出现,当时主要是以自然岩壁为攀登场地。到了 20 世纪 60年代末,世界攀岩运动开始快速发展,各种形式的攀岩赛事不断被举办。

在世界攀岩比赛中,主要分为"速度"和"难度"两大流派,其中前苏联是"速度"派的主要代表,而西欧等国家则是难度派的主要代表。早期的攀岩比赛形式是结组攀登,以速度为主。随后,发展到以个人速度赛为主,采用上方保护。人工岩壁出现以后,主要是以技术为主的难度赛。1987 年,国际攀登联合会(UIAA)规定,国际比赛必须采用人工岩壁,同年在法国举办了首届人工岩壁比赛。1989年,首届世界杯攀岩分站赛分别在法国、英国、西班牙、意大利、保加利亚和苏联举行。1991年举行了首届攀岩锦标赛,1992年举行了首届世界青年攀岩锦标赛。在亚洲,攀岩运动开展较晚,1991年1月"亚洲竞技攀登联合会"在中国香港成立,标志着亚洲攀岩运动进入了一个新的阶段。1992年9月,在韩国汉城举办了第1届亚洲攀岩锦标赛。

1987年,我国举办了第1届全国攀岩比赛,并一直延续至今,这项比赛也吸引了众多攀登爱好者的参加,对我国攀岩运动的普及和发展形成了一定的声势和影响,也为我国攀岩运动的进一步开展打下了良好的基础。而最近几年,攀岩运动的发展在我国已经形成了一定的规模,一些高校也纷纷开设了攀岩运动课程,吸引着越来越多的青少年参与,可以说攀岩运动在我国是非常有发展前景的。

二、攀岩运动基础技术分析

(一)手部动作

在攀岩运动中,手部技术是参与者抓住支点、维持身体平衡的关键,手臂力量的大小也会对攀岩运动的质量和成绩产生较为直接的影响。因此,要想在攀岩运动中获得好的效果,参与者必须拥有足够的指力、腕力和臂力。特别是在初学阶段,参与者很难对下肢力量进行有效的利用,这就使得手部技术的作用变得更加重要。具体的手部动作有很多,面对同一支点的不同方向也会存在不同的抓握方法(图6-1)。

图 6-1

1. 开握

当支点的边缘或某些点的小洞可以为手指第二关节提供支撑时,其整个手部就可以靠在岩面上。这种情况下,参与者的手可以张开,在手指并拢的情况下,可以让手指与支点进行充分的接触,整个手掌也不用紧握支点。开握时,大拇指的作用相对较小。

2. 紧握

紧握是攀岩运动中常用的一项手部技术。运用紧握技术时,参与者应将四指并拢,并将拇指搭在食指上,由手指的第一关节受力(弯曲程度超过90°),扣紧支点。在运用过程中,大拇指的力量非常关键,主要靠它来锁住食指。

3. 半紧握

此方法的抓点方式与紧握相似,只是拇指并未压在四指上。同样只有第一指关节受力,而且第一指关节弯曲程度超过90°。

4. 抓握

这种方法与开握抓法相似,但通常需要拇指协同发力,可以用手掌去握住支点,因不仅仅依靠手指,整个手掌的抓握可以增加抓握的稳定性。

5. 侧抠

此方法是由四指侧向拉住支点,大拇指压在支点的边上来进行固定的。注意拇指压的方向与四指的方向成90°,要对四指起到一定的辅助作用,使抓握支点更加稳定。

6. 捏握

捏握时,大拇指捏的方向与手指的方向是相对的。有些可捏握的点可以让大拇指压在支点的一边,其压的方向与四个手指拉的方向成90°。但是当支点很小时,只能用拇指和食指的第二关节外侧面去捏握。

7. 侧握

侧握技术与侧抠点和捏握手法都很相似,但在侧握时,拇指是基本不发力的。侧握动作通常只用于维持身体的平衡,或用于一些侧身动作中。

8. 反扣

支点的可抓握方向朝下或与身体移动方向相反。这个动作是靠手与手或手与脚之间的反作用来实现的。

9. 手腕扣点

在遇到大支点时,可以通过弯曲手腕进行曲握支撑来放松前臂。手腕的这种弯曲,在很有限的条件下可以做,但是,它可以把前臂的力量转移到骨头上,所以这种手腕的弯曲动作是很好的休息姿势。在有比较大突出的支点上,这种动作应用很多。

10. 抓点

在攀岩过程中,会遇到很多向外或向下的柱状支点,这时就可以使用抓点的方法来进行固定,使整个手掌充分与支点接触,以达到稳定的目的。

11. 手掌按点

在面对一些较大的圆形点时,需要使用整个手掌的摩擦力才能按住支点。这时要将手掌和手腕弯曲成一定的角度,用整个手掌按住支点,以达到增加接触面积,从而增大摩擦力的目的,通常这种方法更多的是用在野外自然岩壁的攀登过程中。

12. 前臂勾点

通常在遇到一些非常大的支点时会使用前臂勾点技术,通过用肘关节夹住支点,依靠大臂的力量来控制身体,此动作多与脚部动作配合进行使用,是一种较为有效的休息动作。

13. 拇指扣点

在面对水平抠槽的支点时,除了可以使用开握或紧握抓法,还可以通过拇指扣住支点的方法来进行攀登,这种方法其余四指只是辅助发力,可以得到有效的休息。

14. 指甲抠点

这种抓点方法较为极端,会在面对一些可抓部分较薄的支点时使用,手指指尖部分垂直顶住支点,利用手指第一指关节的力量支撑,手指甲和手指尖部要承受很大的力量,需要非常好的忍痛能力,这一动作也是非常危险的,容易造成指甲损伤。

15. 曲握

曲握是把手掌弯曲,四手指并拢,大拇指压在食指上,用手掌的外部边缘曲握住支点。因为大拇指的力量很强,可以很好地控制手形,所以这种手形的握点法应该是很有力的,而且这样也给其余手指一个很好的放松机会。

16. 口袋点

当遇到可以将手指伸进去的支点时,如果口袋点较大,则可以将四指的前端全部伸进去;如果口袋点较小则只能使用一个或两个手指,通常我们将这种口袋点也称为指洞点。

17. 交叉手

主要动作是当一只手抓握一支点时,用另一只手去抓握线路中下一支点,且双臂形成交叉。还有一种支点交叉手技术是在一只手抓握一个比较大的支点时,可以为另一只手留下抓支点的空间,使另一只手可以交叉抓握此支点的剩余部分。交叉手可以分为内交叉和外交叉两种,应该选取哪种可以视情况而定。

18. 换手

在攀登过程中有时可能需要在一个支点上进行换手的操作,即左右手相互交换抓握支点,这时就需要采用正确的换手技术动作来完成。其实,换手技术动作较为简单,关键在于换手时要保持较为稳定的身体状态,把握好自己的重心,平稳地进行换手。

(二)脚部动作

在攀岩运动中,脚部的支撑和攀爬动作是完成 90°以内岩面攀登的主要保障。基本的脚法有蹬、钩、挂、塞、挤等。手只是帮助攀登者从一个立足点到下一个立足点时平衡身体。

1. 正踩、侧踩

在进行踩点时,要注意踩点的面积,并不是越大越好,而是尽可能地寻找可发力的部位。具体来说,正踩、侧踩的形式主要有以下三种。

(1)正踩

正踩是通过鞋尖内侧边拇趾处进行踩点。正踩动作主要是靠增加攀岩鞋与支点之间的压力来增大摩擦力,尽量抬高脚跟,将身体重心转移至脚尖,从而达到支撑身体平衡的目的。因此,在做正踩动作时应尽量抬高脚跟以增加对支点的压力。

（2）侧踩

侧踩是通过攀岩鞋的前脚掌外侧边四趾部位进行踩点。它的基本原理与正踩一样，都是通过增加脚部对支点的压力来增加摩擦力。因此，在做侧踩动作时也应尽量抬高脚跟。

（3）鞋前点踩

使用攀岩鞋的正前方部位踩点。通常情况下一些比较小的支点或指洞点无法使用正踩或侧踩，而只能将前脚尖部塞进去，这时就要使用鞋前点踩法。

2. 摩擦点

这一动作在身体悬空时非常适用，它是通过将鞋底的大部分压在岩面上，尽可能地去产生摩擦力，在采用这一方法进行攀登时，踩点方式会用到攀岩鞋的外侧边、内侧边甚至是整个前脚掌来增加面积，特别是在面对向下倾斜的支点。踩点时脚跟要向下倾，尽量增加攀岩鞋与支点的接触面积，以达到增加摩擦力的目的，使踩点时更加牢固，这些都是这种动作的显著特点，同时也正好与正踩和侧踩相反。由此可以看出，这个动作对于身体悬空时特别适用。

3. 脚后跟钩

脚后跟钩是指用脚的后跟部位钩住支点。在攀爬过程中，这种动作经常出现在屋檐的翻出部位上，一般是把鞋后跟放在一些合适做这种动作的支点上，脚的后跟挂住支点。在钩的过程中，伸腿、屈胸，向上直到脚能钩到支点，腿部发力将身体勾向勾点的方向，以减少手部所受的力量，达到省力的目的。

4. 叉脚

当一只脚踩踏支点时，另一只脚从身体内侧或外侧交叉穿过踩踏线路中下一支点。需要注意的是，交叉脚后要移动身体的重心，所以做这个动作的时候要想好下一个动作的处理。同支点的交叉也是交叉脚的一种，当遇到一较大的支点时，可以用脚踩踏支点的一侧，另一只脚交叉踩踏支点的剩余部分，完成交叉脚的动作；同样，交叉脚也分内交叉和外交叉，采取哪种方法可以视情况而定。

5. 顶膝动作

顶膝动作是一个很好的休息动作，这一动作是用脚部踩住支点的同时用膝盖顶住另一个支点,形成脚部和膝部的互压而完成的,通过这一动作达到平衡的目的,这样就能够给手臂创造出充分的休息时间。

6. 膝盖勾点

这个动作主要用于翻出屋檐地形,当翻屋檐的手点和脚点很近时,可以用膝盖内侧勾住支点,以达到平衡的状态。

7. 挂腿

当一只手抓握一个比较大的支点时,将这只手的对侧腿抬起,挂在手腕上,并依靠手腕和手臂的力量将身体抬升,另一只脚做辅助的发力,以控制平衡。这个动作对手腕的力量要求很高,而且比较危险,由此可以看出,挂腿这一动作对技术动作的要求非常高。这种脚部动作对于喜欢静态攀登的攀登者是最合适的了。

(三)基本攀岩技术

1. 侧蹬

侧蹬是攀岩运动中的一项非常重要的技术,它可以有效地节省上肢力量,在仰角地段被大量使用。在使用侧蹬技术进行攀爬时,身体应侧向岩壁,以身体对侧手脚抓握和踩支点,另一只腿伸直用来调节身体平衡,靠单腿力量站起,抓握上方支点。以左手抓握支点为例,身体朝左,右腿弯曲踩在支点上,右脚应用脚尖踩住支点且脚跟立起来,把身体的重心大部分放在右脚上,左脚只用来维持平衡。这时,右腿蹬起,靠腿部的力量让身体站起来以节省手臂的力量。左手可做辅助性的发力,右手向上抓握支点,动作最后一步右脚应保持用脚尖踩住支点,且脚跟立起来,这样可以使右手能够抓握住更远的支点。

2. 扭身锁定

扭身锁定是将身体扭转,使身体侧对岩壁而不是正对岩壁,具体方法是先靠一只手锁定身体,然后由另一只手去抓握下一支点。扭身锁定经常会与下肢的扭膝动作或侧蹬动作进行配合使用,尤其在面对斜面或屋檐地形时,被使用得更为广泛。

3. 侧拉动作

侧拉动作是一个在野外攀登裂缝时常用的技术。攀爬时,双手侧向拉住支点,而脚部与手部的发力方向正好相反,向反方向蹬踩岩壁或支点,形成身体的互压状态,达到平衡。

4. 脚上手点

攀登时,以将右脚抬至右侧靠近腰部的支点为例(这时左手已抓握住一个较高位置的支点),先将腰部向左并向岩壁外侧做少许移动,为右脚腾出一定空间。右手扶住腰部的支点,这时抬起右脚放在右手的支点上,靠左脚蹬起把重心压至右脚上。这时左手应辅助发力,右手不要离开支点,也要辅助发力,直到左脚抬起,重心已完全移至右脚上。这时抬起右手,去抓握下一支点。

5. 扭膝

扭膝动作是攀岩中最重要的技术之一。它的姿势为两脚分别踩于两支点上,两支点可以等高或不等高,开始时双脚均采用正踩方式,做动作时一条腿保持不动,另一条腿以所踩支点为轴顺时针或逆时针旋转,使所踩脚点由正踩变为侧踩,同时身体变为侧向岩壁,靠一只手锁定身体,另一只手向上抓握支点。

三、攀岩运动的保护技术分析

攀岩运动的保护技术离不开结绳,本书第四章的绳带保障内容中已经介绍过结绳技术,此处就不再赘述。

(一)保护点的设置

1. 保护点的类型

一般我们可以将固定保护点分为天然固定点和人工固定点。例如,一些能够为绳索提供连接的岩柱、树木、巨石等都为天然固定点,在使用天然固定点时一定要注意认真检测其牢固程度和承受力。人工固定点则是通过各种金属器械制作而成的,例如,挂片、岩钉、岩塞等。

2. 设置保护点所需装备

安全带(首先进行自我保护)、绳套(扁带)、铁锁、挂片、岩钉、膨胀锥、机械塞、岩塞等。

3. 设置保护点的方法

保护点的设置分为上方保护系统的设置和中间点(临时性保护点)的设置。根据不同的岩壁条件,所需的固定保护点数量从一个到多个不等。

一个固定保护点:设置固定点进行保护时,要在确保适用于固定点设置区域的绝对安全的前提下进行。例如,人工岩壁上设置好的横栏,自然岩壁上的大树。安装中间点(临时性保护点)的设置时,人工岩壁用挂片,自然岩壁用膨胀锥加挂片。

两个固定保护点:这是安装上方保护系统的标准模式。适用于大部分情况。是在一个保护点设置的基础上增加一个保险固定点,以防止一个固定保护点出现意外。

多个固定保护点:适用于单个固定点不安全的情况。有多个保护点时,保护点受力要均匀,夹角要小于60°。此外,要注意使用铁锁时大头朝下(双锁开口要错开)。

(二)上方保护

上方保护是保护支点在攀岩者上方的保护形式,与之对应的攀登方式为顶绳攀登。在攀岩者上升过程中,保护者不断收绳,使攀登人胸前不留有余绳,但也不要拉得过紧,以免影响攀岩者行动,这点在登大仰角时尤应注意。上方保护对攀岩者没有特殊要求,且攀岩者发生坠落时受到的冲击力较小,较为安全。

1. 基本步骤

(1)攀岩者与保护者各自做好准备(穿戴好装备)。
(2)相互检查,注意"8"字环、安全带、铁锁等是否牢固。
(3)攀岩者向保护者发出"开始"信号。
(4)保护者向攀岩者发出"可以开始"信号。
(5)开始攀登、保护(保护严格按照五步操作法)。
(6)攀岩者登顶后发出"下降"信号。
(7)保护者发出"可以下降"的信号,开始放绳。
(8)攀岩者返回后,向保护者表示感谢。

2. 注意事项

(1)起步时绳子稍紧一些,以防开始就脱落。
(2)精力集中,密切关注攀岩者的行动,力求有一定的预见性。

（3）任何时间都有一只手紧握通过下降器的绳子（右手随时制动）。

（4）选择最佳的位置和站立姿势。

（5）收绳子时双手协调配合。

（6）放绳子时，要缓慢匀速。

（三）下方保护

下方保护是将保护支点放于攀登者下方的一种保护方式，它通常会在先锋攀登中出现。由于无法在上方预设保护点，使得攀岩者不得不在上升的过程中，不断把保护绳挂入途中保护点（快挂）上的铁锁中。保护点可以是预先设置好的，也可以是在攀登过程中临时设置的。下方保护是先锋攀登唯一可行的保护方法，实用性较强，而且是国际比赛中规定的保护方法。但这种保护方法对攀岩者自身有很高的要求，它需要攀岩者自己来选择和完成保护点的设置，而且一旦发生坠落，其下坠距离较大，受到的冲击力较强，容易造成运动损伤。因此，这种保护方法多被较为专业的攀岩运动员选用。下方保护操作程序与上方保护相同，要注意给绳和收绳的时机。具体的注意事项有以下几个方面。

（1）起步时保护者要站在攀岩者下方，双手张开，以防其开始就脱落。

（2）精力集中，密切关注攀岩者的行动，力求有一定的预见性。

（3）任何时间都有一只手紧握通过下降器的绳子（右手随时制动）。

（4）选择最佳的位置和站立姿势。

（5）双手协调配合，根据需要随时收、放，松紧度适中。

（6）脱落时，不能立刻收紧绳子，要给予一定缓冲。

（7）攀岩者处于或可能处于危险状态时，要及时给予提醒。

（四）保护技术的注意事项

在攀岩运动中，光是学习好基本的保护技术是远远不够的，还需要着重做好以下几个方面，尽量将危险发生的几率降到最低。

（1）要做好攀岩前的运动计划，认真观察和分析所要进行的攀岩场地、气候等。在开始前就要做好线路的规划，选择好休息时间和地点，并对将要面临的困难进行预测，提前做好心理准备。

（2）要做好准备活动，充分活动身体的各个关节、肌肉和韧带，并对所带装备器材和保护装置进行仔细的检查。

（3）攀登时保持"3点固定"，每一个支点都要很好选择，步子要均匀，选择最近和最稳固的支点。

（4）途中遇到浮石或松动的石块时，一定不能乱扔，可放置在安全处或通知下面的同伴注意后再作处理。

（5）攀登者和保护者要密切配合，在攀登中，切忌抓草或小树枝等作支点；有积雪或过于潮湿的岩壁不宜进行攀登。攀登者不能戴手套，但要戴安全帽。

（6）攀岩时，要注意保持体力，注意手脚配合和保持身体平衡；在选择立足点时要使脚有可靠而便利的固定点，同时头脑始终保持冷静，遇到意外一定要冷静。

第二节　野外生存

一、野外生存运动概述

"野外生存"是指在远离居民点的山区、丛林、荒漠、高原、孤岛等复杂地形的区域中，没有外部提供生命所赖以维持的物质条件的情况下，个人或小集体靠自己的努力，在不太长的一段时间内，保存生命和维持健康的基本手段和方法。它最初是军队作战的一项必备能力，而随着人们越来越希望亲近自然，野外生存开始成为一项户外拓展活动，并逐渐受到越来越多人的关注。人类生存至今，无不是借助大自然的恩惠以满足衣食住行的需要。尽管人类文明已相当发达，但面对紧张的都市生活，巨大的工作、学习压力，人们又渴望走出这片钢筋水泥的森林，回归自然，去体验大自然的原始与神秘，磨炼我们渐已消退的意志。野外生存运动具有非常强的挑战性、冒险性和趣味性，能够充分展现出团队的合作精神和个人的创造能力。正因为如此，现代大学生对这一运动项目产生了浓厚的兴趣，并逐渐得到了高校的重视。许多高校开始组织野外生存训练教学，并将其作为一种新的教学模式融入到了现代高校体育教学体系中。这种新的尝试和改革将对创新传统体育课教学的手段与方法、丰富和完善我国高校体育课的课程体系起到积极推动作用。参加野外生存生活训练，不仅可以帮助人们重新认识自我、挖掘自身潜能，而且能够唤起人们面对困难和挑战的勇气，同时通过在活动中提高环保意识，使人们更深切地体会到爱护大自然和保护大自然的重要性。

二、野外生存基础技术分析

(一)野外取水

在野外,水在所有维持生存的物质中是最重要的,没有水就没有生命。因此,在野外时,除了随身携带少许水之外,在生活环境中寻找水源是非常重要的。

1. 野外水源

(1)地面水:主要包括江、河、湖、塘、小溪,甚至较大的水坑等,这些都是野外生存的常用水源。但由于水源处于暴露状态,因此,要谨慎选择,具体可以结合后面提到的水质鉴别方面的内容,来进行合理的选择。

(2)地下水:这种水由于经过了砂层土壤的过滤,因此水质一般较好,特别是深层地下水(深水井、泉水)大都可直接饮用。

(3)雨水:雨水本身是较为洁净的,但是由于在下降过程中会与大气接触,会受到大气微生物、各种工业废气、农药、有毒化学物品及各种有害悬浮物的污染,加上收集困难,因此,很少作为可用水源。

(4)植物:在野外生存过程中,植物也是一个补充水分的好方法,有的甚至可以直接提供水源,例如,仙人蕉(野芭蕉)的芯、储水竹的根、瓶树(纺锤树)的茎、高大的旅人蕉的叶柄、野山葡萄的藤和桦树汁等,都可以在口渴时提供一定水分的补充。另外,各种野山果、许多树木花草、大多数藤科植物都含有液汁,在将其砍断或剥皮吸吮前一定要尝尝有无苦涩或腥辣异味,看其他动物是否食用,以防中毒。

(5)动物:在野外不少鲜活的蛇类、蛙类、鸟类都可以剥皮后嚼碎其肉取汁解渴。另外一些昆虫如蝉、蚂蚱、野蚕、无毒的蛾,其汁都可作为水分补充。

2. 野外找水

在野外寻找水源时,一定要注意把握细节,例如,观察植被繁密的地带;动物足迹;岩石地带的泉水和渗水等都是发现良好水源的重要标志,具体在寻找过程中,可以用到听、嗅、看三种具体的寻找方法。

(1)听:流水声、滴水声一般在岩石上面和岩石下面或者在水中生活的动物,如蛙声、水鸟声。

（2）嗅：泥土的腥味、水草味。

（3）看：地面潮湿、水位较高，秋天早上有雾处，周围特别炎热，但这个地方特别凉，地下水位高，冬天先有霜处、春天解冻早处、冬天解冻晚处；常长在有水的地方的植物，如水杉、梧桐树、金针、胡杨、柳树、马兰花等；动物：蜗牛、大蚂蚁窝、燕子窝附近；山谷有薄雾水气重；有些植物本身就含水，如野刺莓、弥猴桃、桦树汁、仙人蕉的芯、仙人掌等。

3. 水质鉴别

（1）肉眼观察：水质呈黄色为腐败物污染，水质呈绿色为低价铁污染，水质呈黄棕色为高价铁污染或锰元素污染，水质呈黑色为严重工业污染。

（2）嗅觉：凡被污染不能饮用的水大都有腐败、恶臭、霉变、铁锈或咸腥等异味。

（3）味觉：含有机物污染的水质味甜，含氯化钠污染的水质味咸，含硫酸镁或硫酸钠的水质味苦，含铁污染的水质味涩，含某些农药的水质味辣。

凡出现以上口味异常、颜色怪异、气味恶心的水均不能饮用。

（二）野外取火

火在野营生活中必不可少，煮食物时需要火，宿营取暖时需要火，发求救信号时同样需要火。因此掌握野外取火的方法非常重要。

1. 取火方法

（1）火柴：在进行野外生存时，火柴是最为便捷的点火工具，因此，可以多携带一些。但要注意保持火柴的干燥，可以将其放在一个干燥的防水容器内，这样还可以防止其相互摩擦出现自燃。如果火柴出现潮湿，应将其与头发进行摩擦，通过静电来消除其中水分，或者提前在火柴头上滴蜡包裹来防止潮湿。

（2）凸透镜：凸透镜是利用太阳能聚焦产生热量的原理来获取火源的，在强烈阳光下，凸透镜可以迅速点燃汽油、酒精等易燃物。

（3）击石取火：这是一种较为原始的引火方式，它需要一块坚硬的石头来做"火石"，用小刀的背或小片钢铁向下敲击"火石"，使火花落到大火种上。一条边缘带齿的钢锯比普通小刀可产生更多的火星。当火种开始冒烟时，缓缓地吹或扇，使其燃起明火。

（4）电池生火：若有电量较大的电池，将正负两极接在削了木皮的铅笔芯的两端，顷刻间，铅笔芯就会烧得像电炉丝一样通红，再与火种接触就能产生明火。这也是野外生存中一种常见的引火方式。

(5)弓钻取火:这是一种升级版的钻木取火方法,它是用强韧的树枝或竹片绑上鞋带、绳子或皮带,做成一个弓子。在弓上缠一根干燥的木棍,用它在一小块硬木上迅速地旋转。这样会钻出黑色粉末,最后,这些粉末会冒烟而生出火花,点燃火种。

(6)藤条取火:找一根干的树干,一头劈开,并将裂缝撑开,塞上火种,用一根长约两尺的藤条,穿在火种后面,双脚踩紧树干,迅速地左右抽动藤条,使之摩擦发热而将火种点燃。

2. 野外取火注意事项

(1)燃火材料
①火种:随身携带的棉花等,应把火种保存在一个防火防潮的容器里。
②引火物:干燥的树枝、树叶等。
③燃料:干枯的大木棍或树干、成捆的干草、干燥的牛粪等。
(2)燃火地点
①选择隐蔽的位置。
②把直径 2 米以内地面上的堆砌物清扫干净,直到露出土壤。
③若地面潮湿,就要首先用树木搭建一个平台,上面铺一层沙子或石子。
④在有风的情况下可以挖一个土坑,在土坑内生火。
⑤不要在潮湿或者多孔渗水的岩石附近生火,因为遇热,达到一定温度时,岩石可能爆炸。
⑥准备一桶沙子或水,一旦火势过大可随时扑灭。

(三)野外觅食

1. 野外可食用的植物

(1)野外可食用的植物茎、叶、花
普通夜樱草:分布于较为干旱的开阔原野。体形较高,多叶,有绒毛。叶片呈梭形,叶缘多皱。有时在红色花茎顶端长出大型黄色四瓣花。其根煮熟后可食用,煮食过程中应几次换水以冲淡刺激性气味。
菩提树:树干挺拔,高可达 26 米,常分布于潮湿林区。叶片大,呈心形,边缘有锯齿,黄花满溢清香簇生。幼叶及尚未伸展的叶芽都可以生食,花可用来泡茶。
蛇麻草:分布于灌木丛林中的攀缘性植物,茎长而扭曲,叶缘有锯齿,呈三瓣。绿色钟形雌花,幼茎剥皮,切成片沸煮可供食用;花可用来泡茶。

（2）野外可食用的植物根

大部分植物根或块根富含淀粉，但食用时最好将其彻底煮沸。

结结草：平均高约 30～60 厘米，叶呈狭三角形，花穗呈白色或淡紫色；多生于荒野之地或多林地区。浸泡根部以除去苦涩味，烧熟后可以食用。

银草：体小，匍生，叶序上小叶对生，背部呈银白色。顶端细长，花茎上着生单朵黄色五瓣花，多分布在潮湿地带。根肉质可以生食，但最好烧熟后食用。

野豌豆：匍生，高 30～60 厘米，小叶呈卵形、对生。淡黄绿色、覆瓦状花，多分布于草地、灌木丛或沙地之中。

（3）野外可食用的植物果实

夏季起始，野生水果或坚果会逐渐成为求生者最主要的食物来源之一。野果有些种类分布很广，甚至能在北方的苔原地区生存。

山楂类：有刺小灌木，分布于灌木丛及野外荒地，羽状叶深缺刻，花枝上簇生白、淡紫或红色小花，秋季结出亮红色浆果，果肉酸甜，可以生食。嫩茎顶端也可食用。

山梨树：在森林或多岩地区很常见，高可达 15 米，树皮灰色、光滑，复叶对生、边缘有小齿，白色花着生于伞状花萼上。果实簇生，成熟呈橘红色，可以食用，具刺激性酸味。

野桑树：一般高 6～20 米，卵形叶，有时具深度缺刻，叶腋部生有柔荑花序，浆果呈红褐色，可以生食。广泛分布于温带多林地区。

柿树：分布于东亚和美国南部温暖干燥地带，各地都有引种。高可达 20 米。叶小、缘呈波纹形，叶梭形，可制茶，富含维生素 C。果实为浆果，类似西红柿，黄、红至紫红色，可以生食。

毛栗：高大灌木，多分布于山坡野地。叶呈卵形至心形、革质，边缘有锯齿。棕黄色壳果，富含营养，外被叶状多毛外壳。

（4）海藻类食物

海藻是生长在海洋中的低等植物，没有根，在海洋的潮间带（低潮线和高潮线之间的区域）和潮下带阳光可以涉及的水域，有大量的海藻分布。海藻中的许多种类都可以食用，其中的部分种类，如海带、紫菜、裙带菜等已经成为人类的重要食品。到目前为止，还没有食用海藻而中毒身亡的报道。尤其对海岛生存的人，海藻是相对安全的野外给养食物来源。

2. 野外可食用的动物

在野外生存中，动物是一个很好的食物来源，它的种类也非常丰富，从小的虫蛹、蚂蚁、蚯蚓、蚕、蜻蜓、知了、蜗牛、蛆，到大的飞禽猛兽都是野外生存的重要食物来源。但也有一些动物是需要谨慎对待的,例如,毒蛇、毒蝎、蜥蜴等含有剧毒和致命细菌的动物。下面介绍几种捕捉常见野外动物食物的方法。

(1)捕鱼:钓、筑堤、圈、炸、笼、叉鱼、浑水摸鱼等。

(2)捕河蟹、鳌虾、虾:河蟹平常隐藏在瀑布下的岩石或潺潺溪流中的石块底下,只要发现它们的巢穴,就可捕到很多。

(3)捕大型的动物:首先要判断所捕动物的凶猛程度,判断是食肉动物,还是食草动物,可用粪便和蹄印来判别,食肉动物的脚印是奇蹄数。狩猎方法有枪猎、犬猎、网猎、套猎、夹猎、伏猎、陷阱猎、箱笼猎、洞猎等。

(四)简易用具的制作

1. 窝棚的搭建

(1)屋顶帐篷的搭建

将绳子拴在两棵树之间,或用两把铁锹的木柄固定在地上做支柱。然后用方块防雨布搭在绳子上,底边用石块压牢,再在帐篷内的地面上铺上草席即成(图 6-2)。

图 6-2

(2)圆锥形帐篷的搭建

将 3 根或更多的坚固圆杆一端绑在一起,形成圆锥顶点;将圆杆另一端斜插入地中并固定;再用防雨布等覆盖其上;再在帐篷内的地面上铺上草席即成。圆杆夹角增大,帐篷里的面积即会相应增大,但帐篷排水难度会略有增加(图 6-3)。

图 6-3

（3）多人房屋形帐篷的搭建

首先选择一块平整的地面，用大块塑料布铺地，决定搭建面积；然后用钉子固定四个角，用木棒等做支柱，结好主绳然后结好四个角落及其他部位的绳子，用防雨布覆盖，最后，在帐篷内的地面铺上草席即成（图 6-4）。

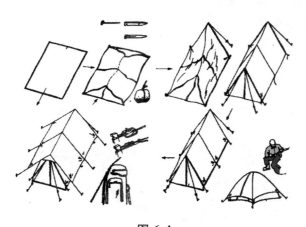

图 6-4

2. 床铺的搭建

（1）管形床的搭建

管形床的制作最为简便。用一块质地结实的帆布或其他材料的布，将两边缝在一起（也可用皮带绑在一起），形成管形床面。接着是制作一个架子做支架：选用两根长度大体相当的平直的木杆，每根木杆的长度略大于两支架之间的距离，按图 6-5 将两木杆的一端扎在一起；再将木杆穿过帆布制成的管形床面，然后放在框架上，把穿过帆布的两根木杆与两端支撑架木杆相接触的 4 点扎牢。

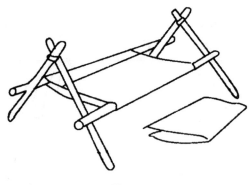

图 6-5

（2）梯形床的搭建

先用管形床的做法制作支架，然后用两根树干做横档，绑在支架的支撑腿上，且使每边都有富余。再用树干和树枝制成梯子状，并将做好的梯子放在支架横档上，绑结实，最后在梯子上铺上树叶等，就做成了一个不错的床铺（图 6-6）。

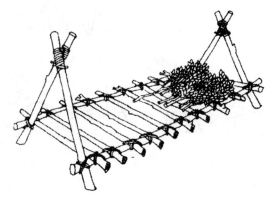

图 6-6

（3）吊床的制作

将帆布的吊床两端拴在两棵树上，上面再拉一根绳子，搭上一块方块雨布，并将其四角用绳子系住固定于略低于帆布吊床的位置，便形成一个防水顶棚。

3. 炉灶的搭建

（1）蛇形洞火炉

这种方式可给火苗提供屏蔽，防止风力干扰。再做一个合适的通道，使得火炉一经点燃就可以烧烤任何食物。在岸边泥质厚实稳固的地方，水平地挖出一个深约45厘米的坑洞,再从坑洞上方插进一根木棍,轻微转动木棍,拔出木棍,形成一个小烟囱,最后将木棍捣出的泥土清理干净。用时将火点燃在坑洞中(图6-7)。

图 6-7

(2)壕沟火炉

火堆位于地表面之下,可避开强风。挖一个约30厘米×40厘米×90厘米的壕沟,再在沟底铺上一层碎岩石即可。火生在岩石上面,即便火已熄灭,岩石仍然滚烫(图6-8)。

图 6-8

(3)育空火炉

这种方式的火炉可以烧煮任何食物,而且火炉结构使热量得以充分散发,以在其顶部做饭烧菜。不过,这种火炉较难搭建。挖出一个环形洞,在一侧挖出一条约24厘米的坑道通向主洞穴,再在主洞穴的外侧垒上石块,建成一个圆柱筒架于坑道上。最后用泥土将石块间的缝隙塞住,火苗就可以得到良好的荫蔽。烟囱本身就是不错的通风口(图6-9)。

图 6-9

（4）悬吊式火炉

将两根高低相近的双叉树枝插入地面,树杈间横放一根棍子,上面吊锅下面直接生火。这种炉灶容易搭建但易受外界影响(图 6-10)。

图 6-10

（5）堆灶

这也是一种简易的灶台。找些大小略同的岩石块,将它们堆成"∩"形,构成一个小炉灶。灶门迎风,石块间留些空隙,以便通风(图 6-11)。

图 6-11

4. 厕所的制作

（1）小便坑

挖一个深约 60 厘米的小坑，其中 3/4 的空间用石头填起，然后在上面堆放一些泥土，再用树皮做一锥形孔，安置在泥土中，作为尿液下渗的通道。为了方便，小便坑应离营地尽可能近一些（图 6-12）。

图 6-12

（2）深坑厕所

挖一条深约 1.25 米，宽约 45 厘米的壕沟，在壕沟上用岩石或木材垒起一个高度合适、使用舒服的"座位"，"座位"的一部分埋入泥土之中。在"座位"上放一些木棒，仅留下一个洞口以供使用（如果人多，就要建公共厕所，并留几个洞口）。可撒一些木灰到壕沟里，形成一个薄层，以阻止苍蝇侵扰（图 6-13）。还要用一块宽大且平滑的岩石板或一片大树叶作盖子，上面压上小石块。注意，这些盖子要经常更换（图 6-14）。

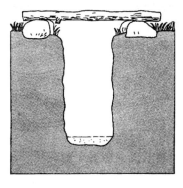

图 6-13

图 6-14

第三节　定向越野

一、定向越野运动概述

现代定向运动起源于 19 世纪末的北欧瑞典。1886 年瑞典最早出现"定向"一词。1897 年 10 月 31 日,世界上第一次公开的定向运动比赛在挪威的首都奥斯陆举行。当时共有 8 名选手参加了此次比赛,主办方设置了 3 个检查点,比赛路线为 10.5 千米,第一名的成绩为 1 小时 41 分 7 秒。此项赛事被认为是定向运动历史上的一座里程碑。

在进入 20 世纪后,定向运动得到了快速发展,并逐渐成为一个独立的运动项目。在 1919 年,斯德哥尔摩举行了一场具有深远意义的定向比赛,当时有 217 人参加,比赛取得了极大的成功。这次比赛也标志着定向运动正式成为一项独立的体育运动项目。1961 年 5 月,在丹麦首都哥本哈根成立了第一个国际定向运动组织,简称国际定联(英文缩写 IOF),并规范和完善了比赛的规则与技术,确定为世界统一的竞赛项目。国际定联在 1961 年成立时仅仅有 10 个成员国,而到了 2000 年,该联盟成员已经发展到包括中国在内的 60 多个国家和地区。

进入 21 世纪,现代定向运动在世界范围内得到了广泛的推广和传播,并在原有基础上得到了有效的拓展和创新。定向运动从以森林为主要举办场所,逐渐向城市、公园和校园等区域推广,这也使定向运动成为一种任何人在任何地方都可以参与的大众化的体育运动项目。

二、定向越野技术分析

(一)越野跑技术

1. 越野跑的基本要求

实际上定向越野跑属于一种长距离的间歇式赛跑方式,经常会在途中停下来查看地图和辨别方向。这就要求个体在节省体能的前提下,还要保持一定的奔跑速度,同时,还应认真分析比赛的具体情况,提高自己的加速能力。在具体的越野跑过程中,应着重注意以下几个方面的要求。

(1)姿势:身体应保持微向前倾或正直的姿势,做到身体各部位动作的协调配合,包括头、身躯、臂、臀、腿、足等。并且善于利用跑中产生的支撑反作用力与惯性不断前进,使身体保持平稳,提高奔跑的效果。

(2)呼吸:最好采用鼻子与嘴(用舌尖舔住上颚)共同呼吸的方式进行。除了在跑中出现生理"极点"现象时可以变化呼吸的频率与深度外,一般情况下应保持自然而有节奏的呼吸。

(3)体力分配:可以按选择路段、比赛阶段、自身体能状况的不同而确定体力分配。通过运动阶段(肌肉的紧张)和休息阶段(肌肉放松)适时交替的方法,达到既快又节省体力的目的。

(4)速度:在越野跑过程中,要注意控制奔跑速度,过快或在途中加速太猛不仅会影响体力的正常发挥,而且会严重地影响判断力。可以根据具体的地形情况来合理地选择奔跑的速度。

(5)节奏:运动中人感到最适宜的节奏是每分钟 79～90 次,即每步时值为 0.25～0.67 秒。保持奔跑节奏非常重要,它不仅能够节省体力,还能达到最适当的动作协调。

(6)距离感:在越野跑中,距离感是一种非常重要的能力,它可以帮助提高找点的速度,并且有利于合理地分配自己的体力。如果没有测量过自己的步长,可参考下列数据。

平坦道路:每 100 米的步数为 50 步为宜。

草地:每 100 米的步数为 56 步为宜。

疏森:每 100 米的步数为 66 步为宜。

密林:每 100 米的步数为 83 步为宜。

上坡:每 100 米的步数为 100 步为宜。

下坡:每 100 米的步数为 35 步为宜。

2. 越野跑的基本技术

(1)在道路较为平坦的情况下,可以采用与中长距离跑相同的技术。

(2)在面对草地和高苗地时,跑动要用全脚掌着地,同时要注意自己前下方的具体情况,避免陷入坑洼或碰在石头上跌倒损伤。

(3)在上坡时,要保持身体前倾,大腿适当高抬,并用前脚掌着地,小步跑上去。遇到较陡的斜坡,可改用走步的方法或用"之"字形跑法。必要时可用单手或双手辅助攀登。

(4)在下坡时,上体要稍向后倾,并以全脚掌或脚跟着地的方法进行。遇到较陡的下坡或坡面很滑的斜坡时,可用侧脚掌着地,甚至采用半蹲状,并用手在体后牵拉树、草的撑地方式行进。到达下坡的末端(一般 8～10 米)便顺势疾跑至平地。

(5)从稍高的地方(1.5 米以下)往下跳时,可用跨步跳的动作;支撑腿必须弯曲,另一条腿则向前下方伸出、跳下,两脚着地并以深屈膝来缓和冲击的力量。同时,在落地时,两脚应稍微前后分开,以便继续向前奔跑。从很高的地方往下跳时,应设法降低下跳高度,根据情况采用坐地双手撑跳下或侧身用单手撑跳的方法。落地时要注意两腿深屈。

(6)在树林中奔跑时,注意不要被树枝、树叶、藤蔓等划伤。特别要防止被树枝戳伤眼睛。此时一般都用一手或双手护脸,也可用手臂随时护住脸部。

(7)遇到小的沟渠、壕坑、矮的灌木丛或倒伏树木时,要增加速度,大步跨跳而过;在落地的同时,上体稍向前倾,以便保护腰部和便于继续前跑。在通过较宽的(2.5～4 米)沟渠时,需用加速跑,采用大跨步跳远的方法越过。应注意做好落地动作,防止后倒。遇到大的倒伏状树木和其他矮障碍物时,可以采用踏过它们的方法越过。遇到再高的障碍物(不超过 2 米),如遇矮围栏、土垣等,可用助跑、蹲跳的方法和一手或双手支撑的方法翻越。

(8)通过独木桥等狭窄悬空的障碍物时,应采取脚面外转成"八"字的跑法。如果这类障碍物很长,就不应跑,而应平稳地走过。

(二)选择比赛路线

在定向越野运动中,果断、细心、迅速地选择出最佳行进路线是取得比赛胜利的重要手段。选择最佳行进路线的能力是建立在掌握其他定向越野技能,尤其是识图用图能力基础之上的,是体能与技能在比赛中的综合运用。选择路线时需要考虑各种选择的可能性,两点之间通常有多种选择,直线距离并不总是最佳选择。因此,选择路线的标准应该是安全性能最高以及体能消耗最少,易于发挥自己的技能和体能优势。例如,当遇到高地、地坡、围栏之类的障碍时,是选择翻越还是绕行;当遇到密林、沼泽、水塘之类的障碍时,是选择直接通过还是绕行。另外,不同地形对奔跑速度也有影响,公路、空旷地、森林、山地或树林等不同地形,所需的时间也不同。因此,在选择路线时,具体要遵循以下几个方面的原则。

(1)尽量沿线形地貌(公路、输电线、小径、湖边等)行进,在线形地貌上容易确定站立点,使运动员更具信心。

(2)地面相对平坦,有利于提高奔跑速度,走高不走低。

(3)如果不得不越野,应尽量在高处(如山脊、山背)行进,避免在低处(如山谷、凹地)行进。

在实际操作中,仅依靠上述一般原则决定路线的选择还不够,还要让自己的"感觉"或"估计"变得更有科学依据,才有可能更快地提高定向越野成绩。

第四节　山地自行车

一、山地自行车运动概述

自行车是我们最常见的人力交通工具,骑上山地自行车征服艰难的路段总能产生一种成功的喜悦。20 世纪初期越野赛跑应运而生,随着 30 年代初期第一个大车轮的制造,自行车在街道旁边行驶就容易得多了,当今的山地自行车运动是 20 世纪 70 年代初期才在农村逐渐发展起来的。当时,美国加利福尼亚州的塔马尔帕伊斯是山地自行车运动公认的发源地。每年都有成千上万山地自行车运动爱好者来到这里,朝拜那些勇于挑战传统、意志坚定的运动发起者们。这些先驱者把老式的游览用自行车和配有充气轮胎的自行车改造成能够在高低不平的地面上行驶自如的人力车。

山地自行车产生以后,山地自行车比赛也被国家运动协会所接受。并且随着比赛的不断发展,山地自行车运动也得到了一定的发展和改进。1983 年举行了美国山地自行车冠军赛。并且在该次比赛中,还使得女子山地自行车水平让世界震惊。

1990 年 9 月,24 支国家自行车队在美国科罗拉多州多伦哥市参加了第一次正式的世界比赛。在越野和下山比赛中分别设置了 3 枚奖牌,越障碍、爬山项目的获胜者并无头衔。1991 年举行了首届"根德世界杯"。

1996 年,山地自行车越野赛成为亚特兰大奥运会的正式比赛项目,这标志着山地自行车最终在体育界有了一席之地。

现如今,山地自行车已发展成为一项单独的赛事,山地户外挑战赛中也少不了山地自行车的赛段。

二、山地自行车基础技术分析

(一)山地自行车的基本操作技术

1. 身体姿势

在骑行时,上体较低,头部稍倾斜前伸;双臂自然弯曲,便于腰部弓屈,降低身体重心,同时防止由于车子颠簸而产生的冲击力传到全身;双手轻而有力地握把,臀部坐稳鞍座。当面临下坡时,身体重心要始终靠后。如果坡度允许,车手胸部的重心应该落在鞍座上。当上坡时,要把重心移到鞍座后部,使双腿获得最大的杠杆作用。同时,上半身放低,要趴在车把上,以固定车位。

2. 热身

大多数车手对运动前的热身运动不够重视,肌肉得不到适当的伸展,在运动中很容易受伤。即使不受伤,运动的效果也很差。骑车是一项锻炼心血管承受能力的运动,热身运动有利于相关肌肉和肌腱做好运动前的准备。先伸展一下身上的肌肉,慢慢地骑行一段时间,然后再逐渐加速,随之增大运动的强度。这样,身体能逐渐地从无氧运动过渡到有氧运动。

3. 手的姿势

通常手握车把的姿势由车手自己决定,但必须注意以下几个方面的要求。

(1)握把时不要过于用力,要保持相对放松状态,肘部稍微弯曲,肩部放松,后背伸直。

(2)车把不要抓得太紧,不然,上半身会一直处于紧张状态,很容易失去控制,而且手臂也容易感到疲劳。

(3)骑车过程中,拇指和其他几个手指分开成空拳状握住车把,拇指和其他几个手指一起放在车把上面。这样,碰到什么障碍物,手会从车把上滑下来。

4. 踏蹬技巧

脚蹬是向自行车传送能量的重要方式,车手应该掌握能够最大限度地传送能量的踏蹬技巧。这就是曲柄绕中轴转动,脚蹬随之进行环形运动。为了能连续、平稳地把能量传送到动力传动系统,车手应该学会如何连贯地踩动脚蹬做环形运动,不可上下猛踩脚蹬。要想掌握这一技巧,最好的方法是选择平坦的地面,或者在公路上骑车。一般情况下,可以将自行车运动的踏蹬方法分为自由式、脚尖朝下和脚跟朝下式三种。每种方法都具有其独特的特点,因此,具体应该根据实际情况和需要进行有针对性的选择和运用。

5. 刹车技术

刹车是控制自行车骑行速度的重要手段,它可以为自行车提供较好的制动力,车手只需要一两个手指就能操作刹车装置,锁住车轮,其他三个手指用于握住车把,控制自行车。一般自行车有前后两个部位的刹车,且前闸的刹车效果比后闸好。但是,根据地形和车闸刹车效果的不同,两个车闸应该谨慎使用。在短而急的斜坡上向下骑行,或者在土质疏松的地面上转弯时,除非骑车的技术非常娴熟,尽量不要使用前闸。在下坡的急转弯,需要使用到刹车时,尽量使用后刹车的力量。

6. 变速技术

变速装置是为更省力、更舒适而设计的,以免除因出力不均而产生的疲劳。变速的时机为上坡、下坡、路面凹凸不平、逆风以及疲劳的时候,也可以说当踩踏感觉吃力时,即为变速的时机。

(二)应对不同地形的骑行技术

1. 多石地面骑行技术

在多石路面骑行时,要重点注意平衡的掌握,车手必须运用各种技能,骑在车上的时候要尽量放松,还要学会挑好走的路走。在骑行时,车手会随着自行车左右摇晃,如果距离不是太长,采取俯卧的姿势,站在脚蹬上,降低身体的重心,把自行车控制住。这样,一方面能够比较灵活地使自行车保持平衡,同时双腿还能更好地发挥杠杆作用,使前轮保持平稳。将肘部下垂还可以防止前轮上翘。车手要想改变骑车的方向,只需要把身体的重心从一侧移动到另一侧,再轻轻地推动自行车朝着某个方向前进就行了。

2. 沙地骑行技术

在进入沙地前,就要提高自行车的骑行速度,借助较高的车速,成功地穿过去。把链条调到小一号或小两号的飞轮上,同时身体重心后移,减少前轮上的重量,保证前轮不会陷在沙土中。用足力气,保证脚蹬以平稳的节奏转动,以保持自行车前进的速度,同时不要转动车把。

3. 坡路骑行技术

(1)上坡骑行技术

当坡短而陡时,骑行的强度很大。高强度运动持续的时间可能比较短,关键是车手要保持正确的骑车姿势。要想冲到坡顶,需要在助跑阶段积累足够的冲力。一般情况下,急转弯以后紧接着就要爬坡。这时,车手一般没有冲力,但一定要保持相当的牵引力。最好的办法是保持正确的骑车姿势,把身体的重心移到后轮上,不过前轮上也要保持足够的重量,以防自行车前翻。

当上坡距离较长时,由于运动强度和骑车技巧与爬陡坡时不同,应根据自己的体力状况及时调整传动比,也就是调节蹬踏用力时省力的齿轮来保持车子能快速前进,不能等到骑不动车和速度完全降下来时再改变传动比,应坚决避免重新起动的现象出现。坡路较长或有陡坡时,可适时使用站立式骑行方法,调节用力部位,让部分肌肉得到休息。

（2）下坡骑行技术

在山地自行车运动中,车手在熟悉路况的情况下,面对下坡,其骑行的速度越快,路面就会变得越平坦。车手在下坡时,注意力要高度集中,随时观察前方路段的情况,面对可能发生情况要提前做出预判,做到胆大心细、机智勇敢。骑行时,不仅要充分利用车子运动惯性滑行,重心尽量降低后移,手臂完全伸直。同时,上体前倾、下压使胸部降到鞍座的高度（图 6-15）。

在下坡骑行过程中,车手还要注意刹车的使用,通常应以后刹为主,如果后刹制动不够理想,可以轻点前刹,切记不能将前轮完全锁住。如果出现摔倒现象,也要尽量往后摔。

图 6-15

4. 弯道骑行技术

转弯前要控制车速。用点刹的方法逐渐减速,尽可能前后闸同时使用,进入弯道后将闸放开,转弯时,身体和车子要保持一致,向里倾斜,上体和车子保持一条直线,以克服离心力。倾斜角度根据速度和弯道大小而定,但一般不得超过 28°角,否则就有滑倒的危险（图 6-16）。

图 6-16

三、山地自行车跨越障碍技术分析

(一)骑车跳技术

1. 齐足跳

齐足跳是山地自行车运动中的常用技术,当骑行遇到障碍物,且没有可利用斜坡和沟沿时,就可以采用这一跳跃技术。它可以在不打断骑行和放慢速度的情况下,顺利跨越障碍物。齐足跳的具体方法可分为以下几个步骤。

(1)准确判断前方障碍物,保持较为适宜的速度骑行。在碰到障碍物之前,上身伸直,四肢微微弯曲,形成下蹲的姿势,蜷缩在自行车上。

(2)在自行车前轮将要碰到障碍物的时候(相距大约 50 厘米),向下按压自行车前部,然后双腿同时向下用力和手臂用力上拉,身体向上,并把车把抬起来。

(3)前轮离开障碍物后,扭动车把,双脚向后、向上猛拉(带踏脚套的脚蹬在这种情况下能够派上用场)。此时,后轮离开地面,沿着前轮的轨迹向前滑动。

(4)将身体重心前移和后移。重心前移有助于前轮着地,后移则有助于前轮抬起,这样做可以先让后轮着地,再让前轮着地(图 6-17)。

图 6-17

2. 借助斜坡跳跃

这一技巧与"齐足跳"非常相似,此处的关键是身体要放松。借助斜坡和沟壑的边缘起跳,在自行车落地之前,可以跨越相当长的一段距离。通常可以将这种跳跃技术分为以下几个步骤。

(1)逼近:目视前方,看清前面的障碍物。靠近障碍物时,身体要放松,重心放低,四肢微微弯曲,形成下蹲姿势。

(2)跳跃:碰到障碍物时,自行车会被弹起来,此时车手应借助上弹的力量立即从自行车上站起。这时候,车手要将身体重心后移,使鞍座朝着自己的腹部移动。当人、车同时弹入空中后,再向下按压自行车,但双腿和胳膊仍然要保持微微弯曲的姿势,这样在自行车下落的过程中四肢才能灵活运动。

(3)着地:着地又可以分为两个阶段:自行车着地和车手坐回鞍座。自行车着地时,先让后轮着地,再让前轮着地,两个轮子都着地以后,车手身体的重心也会随着下降。这时,四肢微微弯曲,慢慢地把身体的重量转移到自行车上(图 6-18)。

图 6-18

(二)骑车过"坎"技术

在山地车运动中,"坎"就是山地中常见到的在某段地面突然下降几十厘米甚至更多,形成一个很突然又很小的斜坡。骑车过"坎"的技术形式主要有前轮触地过"坎"和前轮离地过"坎"两种。具体如下。

1. 前轮触地过"坎"

前轮触地过"坎"是下比较陡的斜坡时需要掌握的一种骑车技巧。要把身体重心尽量后移,让自行车从障碍物边缘滚过去。这一技巧通常用于坡度适中、自行车前轮能够顺利滚动,而不会被沟壑或者竖立起来的障碍物卡住的地方。如果斜坡的坡度太大,几乎是垂直的,则不要使用这一技巧。其具体运用方法如下。

(1)选择看上去比较容易应付的路线,然后低速靠近。当前轮抵达斜坡边界处时,身体重心后移,离开鞍座。

(2)开始下坡后,上身及双腿伸开,稍微弯曲,轻轻地按动后闸,但不要锁住后轮。身体重心后移有助于增加摩擦力。坡度逐渐平缓后,再将身体重心前移,然后回到鞍座上(图 6-19)。

图 6-19

2. 前轮离地过"坎"

前轮离地过"坎"技术多在"坎"的斜坡坡度非常大,几乎是直上直下,并且坡底是水平地面时使用。具体如下。

(1)靠近斜坡边缘时,速度要适中,身体重心后移,后拉车把,同时用力踩一下脚蹬,身体成站立姿势,使自行车前轮离开地面,形成前轮略高于后轮的姿势。

(2)过"坎"后,保持前轮略高于后轮的姿势直到自行车落地。然后车手坐回鞍座,继续骑行(图 6-20)。

图 6-20

(三)骑车过石块、圆木的技术

遇到比较大的石头、圆木时,最好避开,从旁边绕过去。要想从上面跳过去,则要看石头、圆木后面是否有足够的空间,自行车落地时是否安全。如果自行车速度较慢,石头又比较大,则需要特殊的骑车技巧。靠近大石头、圆木时速度要放慢一些,同时要选择动力传动速比比较大的齿轮。一般链轮、飞轮应选用中号的。比较小的石头或细圆木可以利用"齐足跳"技术跳过去。具体方法如下。

(1)就在前轮要碰到障碍物的时候,向上猛拉车把,通过动力传动系统用力,就像自行车前轮离地时的平衡特技一样。需要注意的是,前轮抬起来后,其高度以能够爬上圆木和石头边缘为宜。

(2)等前轮安全地落在圆木上面时,身体重心尽量前移,保持前冲力,并迅速移动身体,卸去后轮上的所有负重。

(3)继续踏蹬,让后轮落在障碍物的上面。由于车手身体大部分重量落在前轮上,并保持着一定的前冲力,后轮能够爬到圆木顶部。此时,将重心后移,恢复正常的骑车姿势(图 6-21)。

图 6-21

(四)骑车过沟壑的技术

穿越沟壑时,要尽可能地使自行车保持水平状态。如果被卡在沟中,轻者会撞击一下,重者则会损坏自行车。具体要根据实际情况和需要,有针对性地调整技术方法。

1. 骑车过一般沟壑

小沟可以跳过去,如果沟比较宽,可以从沟底骑过去。前轮碰到沟边时,先把身体重心后移,使之离开前轮,然后推动前轮下到沟内。等到了对面的斜坡时,再提起前轮并从沟中冲出去。身体重心前移时,要继续蹬踏。这一技巧与跨越比较大的石头所用的技巧相似。不过,这里不是从障碍物上面跃过去,而是从沟底冲出去(图 6-22)。

图 6-22

2. 骑车过"V"字形沟壑

由流水冲刷而成的"V"字形沟壑是比较难对付的地形之一。这种沟通常宽约 50 厘米,最深处也在 50 厘米左右。最简单的方法是把自行车从沟上面扛过去。除此之外,还有许多方法。最好的方法是在跨越沟壑时运用前轮离地平衡特技。后轮碰到沟底时身体重心稍微前移,同时继续踏蹬,直到冲出沟底。

第七章　冰水户外运动项目实践

冰水户外运动项目被我国诸多高校纳入体育课程教学中,其主要包括滑雪、滑冰、漂流、溯溪等运动项目。本章主要对滑雪、滑冰、漂流、溯溪和溪降运动项目的发展概况、分类、基本技术、器材装备以及安全注意事项等进行简要介绍,从而为高校学生开展冰水户外运动提供指导和借鉴。

第一节　滑雪

一、滑雪运动概述

近年来,滑雪运动受到广大滑雪爱好者的喜爱和追捧,它是由滑雪者手持滑雪杖、脚踏滑雪板在雪面上滑行的一种运动。其中,"立""板""雪""滑"是运动者在滑雪时应掌握的关键要素。在许多国家,滑雪运动成为冬季最受欢迎的休闲、竞技运动项目。

滑雪运动在世界各地获得迅速发展,尤其是现代竞技滑雪运动,随着时间的发展,其运动项目不断增多,领域逐渐扩展。目前,世界上比较正规的滑雪运动比赛项目主要有高山滑雪、冬季两项滑雪、越野滑雪(又称北欧滑雪、跳台滑雪)、雪上滑板滑雪和自由式滑雪等,各大项目又细分为众多小项。休闲滑雪主要以健身、娱乐为目的,是男女老幼均可参与的一种雪上运动;而单纯的竞技滑雪运动则具有竞争性、专项性等特点,参与者多为专业运动员。高山滑雪具有惊险、优美、动感强、魅力大等特点,因此被视为滑雪运动的精华和象征,是休闲滑雪的首选和主体项目;越野滑雪是在低山丘岭地带(平地、下坡、上坡各约占 1/3)进行的长距离滑行,其具有安全系数高,健身效果显著,参与性广泛等特点。在越野滑雪中,超短板、单板滑雪比高山滑雪更具有刺激性,对技术的灵活性要求更高,但是在我国仍未获得广泛开展。

滑雪运动要求在滑动过程中对技术进行合理操纵,但是重心不易控制,容易形成错误动作。因此,在参与滑雪运动的初期,运动者应在专业人员的指导下进行练习。

(一)越野滑雪运动项目

越野滑雪运动又称为北欧滑雪,这是因为其起源于北欧。据史料记载,1226年挪威内战时期,两名被称为"桦木腿"的侦察兵,怀藏两岁的国王哈康四世,滑雪翻越高山,摆脱了敌人。现在的挪威每年仍然会举行越野马拉松滑雪赛,赛程为35英里,与当年侦察兵所滑路程相同。

进入15世纪,随着滑雪技术的不断成熟,滑雪运动在芬兰、瑞典、丹麦和俄罗斯等国家中获得广泛开展,而且这些国家还在军队中建立了滑雪部队。在15世纪至19世纪之间,越野滑雪作为滑雪项目之一,在欧洲一些国家成为体育比赛项目。

1924年2月3日,国际滑雪联合会(FIS)在法国夏蒙尼成立,首届主席由瑞典人霍姆奎斯特担任。自1925年始,国际滑雪联合会定期举行世界锦标赛(当时称世界北欧滑雪锦标赛),规定每年举行一次,并将1924年冬奥会滑雪比赛定为第1届世界锦标赛。目前,世界大型越野滑雪比赛主要有越野滑雪世界杯赛、世界青年越野滑雪赛和世界运动者冬季运动会越野滑雪比赛。

目前,越野滑雪在全世界范围内获得广泛开展,其主要在欧洲、亚洲、北美洲、南美洲、澳洲等60多个国家和地区获得广泛开展。其中,越野滑雪运动水平始终处于世界领先地位的主要有挪威、瑞典、芬兰、俄罗斯、意大利等欧洲国家,亚洲多数国家处于中游或中下游水平。随着亚洲国家对滑雪项目的重视和近年来滑雪运动竞技成绩的不断提高,亚洲部分国家越野滑雪的运动水平也逐渐向欧洲强国逼近,在个别项目上已经与欧洲运动员共享金牌。

(二)高山滑雪运动项目

高山滑雪运动又称为阿尔卑斯滑雪,这是因为其起源于北欧的阿尔卑斯地区。高山滑雪是在越野滑雪基础上逐步形成的,高山滑雪运动主要有以下几个发展阶段。

(1)1850年,挪威的泰勒马克郡出现改变方向和停止滑行的旋转动作。

(2)1868年,挪威滑雪运动奠基人诺德海姆等人在奥斯陆滑雪大会上表演了侧滑和S形快速降下技术。

(3)1890年,奥地利的茨达尔斯基(Matthias Zdarsky)发明适合阿尔卑斯山地区特点的短滑雪板和滑行技术。1905年,茨达尔斯基在维也纳南部的利林费尔德进行了高山滑雪史上第一次回转障碍降下表演。

(4)1907年,英国创立世界上第一个高山滑雪组织——阿尔卑斯滑雪俱乐部。

(5)1910年,奥地利的比尔格里上校(Georg Bilgeri)组织具有军事性质的高山滑雪学校,第一个采用深蹲姿势持双杖快速下降、制动转弯的滑法。奥地利的施奈德(Hannas Schneider)则在1922年创办了高山滑雪学校。

(6)1921年,英国的伦恩(Arnold Lunn)在瑞士组织了高山滑雪史上的首次回转和速降比赛。

(7)1931年起开始举办世界高山滑雪锦标赛。自1936年起,高山滑雪被列为冬奥会比赛项目。

目前,在高山滑雪项目中,较为规范的项目主要有滑降、回转、大回转、超级大回转、全能等。高山滑雪运动项目具有多种技术种类,如不同的滑降技术,多变的转弯技术,惊险的跳跃技术、应急的加速、减速、停止技术以及特殊技术等。

滑雪爱好者应根据自己的年龄、身体素质、滑雪基础、场地条件、可投入时间等因素,在教练的指导下拟定高山滑雪练习的最佳方案。

二、滑雪运动技术

(一)越野滑雪自由技术

在越野滑雪运动发展过程中,20世纪80年代是一个分水岭,20世纪80年代前,世界各国越野滑雪运动员均使用现在"传统技术"的各种滑法。20世纪80年代初,芬兰运动员西多宁在世界锦标赛中创造性地使用了类似速度滑冰运动的"蹬冰式"滑法,并且取得了很好的成绩,此后该技术被滑雪运动员竞相效仿。1988年第15届冬奥会在加拿大卡尔加里举行,国际雪联明确规定:在以后的越野滑雪比赛中,分列为"传统技术项目"和"自由技术项目"两种比赛。以下对越野滑雪项目的自由技术做简单介绍。

1. 蹬冰式滑行

蹬冰式滑行,是指运动员在平地或缓下坡地段,两腿按速度滑冰方法蹬动与滑进,双手虽持杖但不使用,只是配合腿部动作而摆动,或将两杖夹在腋下而不摆动的滑行技术。一般而言,运动员一腿蹬动后,身体重心必须移到滑行腿板上,使之延长自由滑进距离。上体放松前倾成弧形,以减少空气阻力;膝关节尽量弯曲,增加蹬动时间,小腿与地面夹角以 70°～80°为宜;注意蹬动方向应与雪板纵轴垂直,出板角度应尽量缩小。蹬冰式滑行技术比较适合在平地及缓坡,当滑行速度达到 7.5～8 米/秒以上时运用。蹬冰式滑行技术主要分为一步一撑蹬冰式滑行和两步一撑蹬冰式滑行两种类型。

(1)一步一撑蹬冰式滑行

在平地、较缓的坡地、短距离加速滑雪时,均可采用一步一撑蹬冰式滑行技术。该滑行技术的具体操作方法如下。

①双杖推撑的同时,右脚蹬动并移重心至左板。

②左脚向前滑进,右脚蹬动后向左板靠拢。

③自由滑进的左脚再蹬动,同时开始撑杖。

(2)两步一撑蹬冰式滑行

在平地和缓坡滑行时,运动员常采用两步一撑蹬冰式的滑行技术,该滑行技术的特点是容易掌握,节奏性也较强。该滑行技术的具体操作方法如下。

①右板向前滑进并利用内刃进行有效的蹬动,接着将重心移到左侧板上并承担体重向前滑行,同时两侧杖推撑,但左侧杖的推撑力要大于右侧杖。

②连续若干次后,调换至另一侧开始,如此反复。

2. 单蹬式滑行

单蹬式滑行是一种在平地或缓坡滑行时的有效方法。该滑行技术的具体操作方法如下。

(1)用右腿雪板内刃向侧用力蹬动,两杖同时向后推撑。

(2)蹬动结束后,重心移向左侧板并承担体重向前滑进,与此同时,双杖前摆。

(3)左板向前滑进一段距离后,重心向右倾,右板着地后,准备再一次蹬动,两杖前摆插地。

(4)右脚准备再一次蹬动,两杖插入板尖两侧。

3. 转弯滑行

该滑行技术的具体操作方法如下。

(1)身体向弯道圆心侧倾倒。

(2)内侧板沿弯道切线方向滑进,并时刻调整方向,勿远离圆心。

(3)外侧板应按弯道的法线方向向外侧蹬动,同时需要加快频率,以便与内侧板相配合,变换转动方向。

4. 登坡滑行

(1)两步一撑蹬冰式滑行登坡

在进行上坡滑行时,两步一撑蹬冰式滑行登坡是常用的一种技术方法,它适用于不同角度的坡面。两步一撑蹬冰式滑行登坡技术的具体操作方法如下。

①上坡时步频不需要明显加快,由于膝关节弯曲度大,登行效果也好。

②两杖用力不同,滑行板侧用力较大。插杖也不对称。

③随着坡度的增大,两步一撑第一步滑行距离较短,往往只起到过渡作用。

(2)交替蹬撑滑行登坡

该技术蹬动和撑杖的配合与"两步一撑蹬冰式滑行"一样,只是两脚的蹬动与滑行方向不同。动作节奏和每步滑行距离应随坡度变化而变化。滑行条件好时,每步的滑行距离应稍长些。

5. 滑降

自由技术滑行的滑降技术方法与传统技术滑行的滑降技术方法相同。但是由于越野滑雪板的宽度与高山板不同,雪鞋后跟部也不固定在板上,速度快时不易控制,容易失去平衡。所以必要时要先控制速度,以防失去平衡。

(二)高山滑雪基本技术

高山滑雪基本技术,是指在高山滑雪运动中所涉及到的具有共性的基本滑雪动作的技术。高山滑雪运动的基本技术主要包括滑降和转弯两个部分。

1. 滑降技术

高山滑雪的滑降技术是指从高处向低处滑下的技术。从板形上进行分类,滑降技术可分为直滑降、犁式滑降、斜滑降等。

(1)直滑降

直滑降技术,是指双板平行,面对垂直落下线直线下滑的一种技术。高校运动者通过直滑降的练习主要应掌握基本滑行姿势,体会速度、滑行感觉和重心位置,提高对不同坡度的适应能力及对滑雪板的控制能力。在直滑降技术中,用腿部的屈伸来调节并保持正确的滑行姿势是关键所在。该技术的具体操作方法如下。

①双板平行稍分开,体重均匀地放在两腿上,两脚全脚用力。

②上体稍前倾,髋、膝、踝关节稍屈,呈稳定的稍蹲姿势,保持随时可以进行腿部屈伸状态。

③两臂自然垂放两侧,肘稍屈以协助保持平衡,肩部应始终处于放松状态。

④目视前方,观察场地及前方情况,防止低头看雪板。

(2)犁式滑降

犁式滑降是雪板呈"八"字形从山上直线滑下的技术动作,该技术的具体操作方法如下。

①双膝稍屈并略有内扣,重心在两板中间,两脚跟同时向外展,推开板尾,使雪板成"八"字形。

②眼睛向前看,上体稍前倾,上体、双臂及肩部放松,两手握杖自然置体侧,杖尖朝后方撑地滑行。

(3)斜滑降

斜滑降是指在斜滑坡上不是沿着垂直落下线下滑,而是用直线斜着滑过坡的技术。该技术的具体操作方法如下。

①斜对山下站立,肩、髋稍向山下侧转形成外向姿势。上体稍向山下侧倾而膝部向山上侧倾,用双板向山上侧刃刻住雪面。

②在下滑过程中,时刻把握从山上向下踩住雪板的感觉,上侧板比下侧板向前一些,双板应平行;保持上述姿势并注意两肩的连线、髋的连线和两膝的连线与坡面几乎平行。

③身体姿势变化与用刃是协调一致的,共同控制用刃强弱及速度,两臂自然放松,目视前方 8～10 米处。

2.转弯技术

高山滑雪的转弯技术是指改变方向的滑行技术。转弯技术大体可分为犁式转弯、双板平行转弯、蹬跨式转弯和跳跃转弯四种。

(1)犁式转弯

犁式转弯是高山滑雪转弯的基础技术。该技术主要适用于缓坡、中坡的一般速度,并可适应除薄冰雪面之外的各种雪质。该技术的具体操作方法如下。

①在犁式滑降姿势的基础上将体重逐渐向一侧板上移动,保持雪板外形不变,进行自然转弯。

②单侧腿加力伸蹬时,保持八字形不变,自然形成转弯。立刃转弯也同样如此。无论是移体重、单腿加力伸蹬还是单板加强立刃的转弯都必须注意雪板外形,身体姿势不改变。

（2）双板平行转弯

双板平行转弯是指两雪板保持平行状态进行的转弯技术。该技术的具体操作方法如下。

①保持一定的速度进入转弯的准备阶段,提重心、移体重。体重向转弯内侧移,一板内刃、一板外刃蹬雪,滑入垂直落下线。

②继续向前屈膝、屈踝,体重移动结束后点杖开始,外、内板的体重比例为7∶3。

③上一个转弯的动作结束阶段和下一个转弯的点杖,踝关节应有蹬实、踏实的感觉,身体处于直立状态。利用蹬踏的反作用力与向内倾倒,向斜上方提起体重。

④再次滑入向垂直落下线的方向,此时应有骑自行车或摩托车时体重在转弯的内侧、轮胎(雪板)牢牢地抓住地面的感觉。

（3）蹬跨式转弯

在高山滑雪转弯技术中,蹬跨式转弯是实用性和实效性都很强的技术动作,又称踏步式转弯,该技术的具体操作方法如下。

①在双板滑进的基础上弧内侧(右)板稍抬起并跨出,注意左板向弧外蹬出、右板跨出、左板蹬出应同时进行。

②外侧板(左)强有力地用刃刻、蹬雪为右板增大了向新的转弯方向的推进力,右腿主要承担体重。

③左侧板蹬板结束,重心升高,收板向左侧倾倒。然后双板平行进入新的回转弧。

（4）跳跃转弯

跳跃转弯是指通过双腿的伸蹬和对地形的利用,两雪板离开雪面进行变向后着雪的一种转弯技术。在高山滑雪中,跳跃转弯能在20°～30°的陡坡上有效地控制速度,改变方向,其在雪质条件较恶劣和场地条件较差的情况下均可运用。该技术的具体操作方法如下。

①借助雪包或自身力量跳起,在空中改变雪板方向或变刃后着地。

②雪板蹬出,加大转动速度,注意保持重心位置及落地缓冲。

③适时跳跃转弯。起跳、空中动作的进行及调节、落地缓冲、继续滑进等动作应有机和连贯。

三、滑雪器材的选择与应用

滑雪运动常用的器材主要有以下四种。

（1）滑雪板。滑雪运动所用滑雪板是由多层结构构成的，其主要包括弹性板材、抗扭力盒型结构、板芯、玻璃纤维复合材料、高分子底板、边刃等。选择滑雪板时，长度最长不能超过手臂上举时的手腕，最短不能低于胯部，初学者宜选"身高（厘米）＋5厘米"长度的滑雪板。滑雪板底应有一条防止侧滑的方向槽，方向槽的作用是保持直线滑行。

（2）滑雪杖。运动者在选择滑雪杖时，一般应以本人手臂下垂后肘部离地面的高度为宜。对于初次接触滑雪运动的运动者来说，可选稍长一些的滑雪杖，雪杖上要有佩带，套在手腕上以防脱落。

（3）滑雪靴。滑雪靴主要由内部和外部两个部分构成，外壳坚硬不易变形，内层由化纤物和保暖物构成。选择滑雪靴时，要既舒适又能使脚趾在靴中自如运动，但是脚掌、脚背、脚弓、脚趾应能紧紧裹住，卡得恰到好处，踝关节能自由屈曲。

（4）固定器。固定器是联系滑雪板和滑雪靴的重要部件，对保证滑雪者能够安全滑雪起着十分重要的作用。

四、雪道、技术分级及其危险程度

滑雪运动在雪道、技术等级方面都有严格规定，因其具有一定的危险度，往往要求初学者掌握关于雪道、技术分级及其危险程度方面的基本知识。一般来讲，很多雪场都有不同颜色的雪道，雪道上有道标，不同颜色和形状代表不同级别，初学者应选择绿色圆圈代表的雪道，其坡度一般不超过40°；中级雪道以蓝色方块为标志，其一般不超过65°，此外还有高级黑色钻石雪道。每一颜色也有容易、中等、困难之分，而且相差相当大，比如5°和40°都可以是绿道。一般来说，越好的雪场难度越高，一流雪场的绿色雪道有的会比通常雪场的蓝色雪道更陡，黑钻中还有双黑钻，是顶级难度的雪道。

按滑雪的技术分级，从未滑过雪的运动者可从第一级开始，在一般的雪场中，第一级和第二级可以上绿道，绿道危险最低，虽然初学者经常摔倒，但由于坡度较低，因此速度不会太快，摔倒也很少受伤；第三级和第四级可以上蓝道，蓝道风险稍大；第五级起可上黑钻道，黑钻道坡度大，速度快，且有些高手喜欢寻求刺激,滑到雪道以外的树丛、断崖等处去,一旦摔倒,其伤亡概率会较高。

五、滑雪运动的安全注意事项

在滑雪运动中,运动者应注意以下几个方面。

(1)运动者在滑雪之前应仔细了解滑雪道的高度、宽度、长度、坡度以及走向。由于滑雪运动是高速运动,看来很远的地方一眨眼就能到眼前,滑雪者不事先了解滑雪道的状况,滑行中一旦出现意外情况,根本来不及作出反应,这就要求运动者在滑雪前做好充分的准备工作。

(2)运动者应根据自己的滑雪技术和水平选择适合的雪道,切不可过高估计自己的水平,必须循序渐进,在教师或教练的指导下进行。

(3)在滑行过程中如果对前方情况不明,或感觉滑雪器材有异常时,应停下来检查,切勿冒险。

(4)如果运动者在滑行过程中失控跌倒,应迅速降低重心,向后坐,不要随意挣扎,可抬起四肢,屈身,任其向下滑动,要避免头朝下,要绝对避免翻滚。

(5)中途休息要停在滑雪道边,不能停在陡坡下,并注意从上面滑下来的滑雪者。

(6)当与其他滑雪者结伴滑行时,相互之间一定要拉开距离,初学者切不可为追赶同伴而急速滑降,那样很容易摔倒或与他人相撞。

(7)摔倒后最重要是收颌近胸以防后脑的受击,其次要放松肢体,僵直的身体更容易受伤,最好不要硬撑。对于初学者来说,当失去重心,不要试图重新取得控制,还是任由摔倒不易受伤。

(8)当发现他人受伤时,切勿随意搬动,应及时向滑雪场管理人员报告。

(9)了解滑雪场当地的气候特点和近期的天气状况,备好充足的御寒衣物,以防天气突变。

(10)运动者最好是穿着颜色鲜艳或与雪面反差较大的滑雪服,以使其他滑雪者容易辨认,及时绕行避免相撞。

(11)进行滑雪运动时,视力不好的运动者不应佩戴隐形眼镜,如果跌倒后隐形眼镜掉落,找回来的可能性很小;尽量佩戴有边框的、由树脂镜片制造的眼镜,这种眼镜受到撞击后不易碎裂,可避免弄伤眼睛。

(12)运动者在滑雪过程中应严格遵守滑雪场的各项规章制度。

第二节　滑冰

一、滑冰运动概述

关于滑冰运动的最早记载为公元 936 年,它与人类的生活和生存活动有着密切的关系。最原始的冰上滑行器用动物骨制成,古人将兽骨系于鞋上在冰封的湖泊、河道上滑行。滑冰运动最早出现在瑞典,在 8—10 世纪,瑞典有了骨制冰刀,随后逐渐出现了木制冰刀。1250 年,荷兰人制作了固定在木板上的铁制冰刀。1572 年,英格兰的一名铁匠制成了第一副有锋利内刃、外刃和前端刀尖弯曲的全铁式冰刀,该冰刀的出现标志着现代滑冰运动的开始。

(一)速度滑冰运动简介

速度滑冰是指在规定距离内以竞速为目的的滑冰比赛。速度滑冰作为一项冰上竞速运动,其所用工具为冰刀。速度滑冰是冰上运动的源头,冰上运动的其他项目都是在速度滑冰的基础上产生和发展起来的。

速度滑冰具有悠久的历史。我国的《宋史》中记载:皇帝"幸后苑,观冰嬉"。这项"冰嬉"运动延续了几个朝代经久不衰,速度滑冰在清朝时已作为一项文体娱乐活动而广泛流传于民间。根据乾隆年间出版的《帝京岁时纪胜》书中描述:"冰上滑擦者所著之履,皆有铁齿。流行冰上,如星驰电掣,争先夺标取胜。"这项运动即现在的速度滑冰比赛。

现代速度滑冰运动是在 13 世纪的荷兰逐渐发展起来的。13 世纪中叶,一种安装在木板上的铁制冰刀在荷兰出现。1676 年,最早的速滑比赛在荷兰的运河上举行。滑冰比赛由荷兰发起后,便很快传入欧洲和美洲国家。随着速滑比赛规模和水平不断提高,各地都纷纷建立起滑冰组织。1742年,第一个滑冰组织——爱丁堡俱乐部在英格兰创立,这使速滑比赛有了竞赛组织,开始有序地进行竞赛活动。在此期间,美国的布什内尔于 1850 年制造了第一副钢质冰刀,使速度滑冰运动技术水平有了进一步的发展。

1885 年,国际速度滑冰比赛首次在德国汉堡举行,以后类似的比赛在挪威的奥斯陆和德国汉堡又多次举行。世界短距离锦标赛自 1970 年开始每年举行一次,男女比赛项目均为两个 500 米、两个 1 000 米,分两天进行。1975 年,首届世界青少年速滑锦标赛举行,其主要目的是提高青少年的速滑运动水平,该比赛要求年龄在 20 岁以下的运动员均可参加比赛,男子比赛项目主要有 500 米、1 500 米、3 000 米和 5 000 米四项,女子主要有 500 米、1 000 米、1 500 米和 3 000 米四项。

(二)花样滑冰运动简介

在新石器时期,人类为了满足生产和生活的需要,将兽骨制成冰刀作为狩猎与日常生活所必备的交通工具。后来,人们用兽骨制成绑式冰鞋在冰上活动,随着人类社会的发展,逐步分化出以游戏和娱乐为主的冰上活动,即花样滑冰的雏形。

13 世纪,花样滑冰在欧洲等许多国家获得广泛开展。一些上层人物开始享受花样滑冰给他们带来的乐趣。18 世纪,花样滑冰不仅在欧洲,而且在美洲获得较大的发展。1742 年,英国爱丁堡滑冰俱乐部制订了许多章程和条例,规定每一个花样滑冰爱好者都必须经过测验,并达到规定的标准,才能加入该俱乐部,此后,欧洲许多国家都相继成立了类似的滑冰机构。

1892 年,在荷兰的阿姆斯特丹举行了一次国际滑冰界会议,该会议决定在当年创建国际滑冰联合会,简称国际滑联(ISU),总部设在荷兰的斯奇威尼根。本次会议还制订了国际滑联宪章和花滑竞赛规则,并规定国际滑联代表大会每两年举行一次,对主席、副主席和理事会、各技术委员会进行改选,修改宪章和比赛规则,研究和讨论滑冰运动的发展方向等有关问题。

1896 年首届世界花样滑冰锦标赛在俄国彼得堡举行。1906 年 1 月,在瑞士达沃斯举行的世界花样滑冰锦标赛上,首次举行了女子单人滑的比赛。1908 年,在俄国的彼得堡举行的世界花样滑冰锦标赛上,双人滑比赛被首次列入比赛项目。1952 年,在法国举行的世界花样滑冰锦标赛上,冰上舞蹈首次被列为正式比赛项目。1920 年,在比利时安特卫普举行的奥运会上,花样滑冰首次被列入奥运会比赛项目。

二、滑冰运动技术

(一)速度滑冰基本技术

1. 起跑技术

(1)起跑姿势

依据不同的站立姿势,起跑姿势可分为正面起跑(正面点冰式起跑、丁字式起跑、蛙式起跑)和侧面起跑(两刀平行与起跑线成一定角度的侧向站立的起跑);依据运动项目距离的长短,起跑姿势可分为短距离起跑和长距离起跑。速度滑冰起跑技术的各部分动作技术主要包括以下两种。

①正面点冰式起跑

"各就位"口令下达后,前脚冰刀与起跑线约成 45°角,刀尖切入冰面,刀跟抬起保持稳定不动;后刀用平刃或内刃置于冰面,两刀间距略大于髋,两刀开角约在 90°～120°,后刀刃应牢牢咬住冰面,以便起动时后脚冰刀快速发力;上体直立,两臂自然下垂,目视前方,体重大部分落在后腿上。

"预备"口令下达后,屈膝屈髋,降低身体重心,体重大部分移至前脚冰刀;重心前移,要做到肩超过前脚刀尖并位于前膝上方,前膝蹲曲角约为90°,后膝约为110°;头部与整个身体成直线,目视前方跑道;后臂微屈肘(约90°～110°)并后举与肩齐平或略高于肩,前臂屈肘约成 90°角,置于膝盖上方,两手半握。

在结束以上动作后,应保持上述动作 2 秒钟以上静止不动,鸣枪之前不改变动作。

②丁字式起跑

丁字式起跑方法与点冰式起跑基本相同,区别在于:丁字式起跑两冰刀是以平刃在冰上支撑站立,重心位于两冰刀中间,即体重较均匀地置于两腿;丁字起跑的"预备"姿势,身体重心略有前移,但不能将体重大部分移至前脚冰刀,以免冰刀滑动。

(2)起动技术

起动是起跑的第一步,是指浮腿向前摆动迅速跨出着冰、后腿快速用力蹬离冰面的技术。起动技术的操作方法主要有以下几点。

①迅速向前上摆动浮腿,并使前脚冰刀尽量外转。

②身体重心前移,成前冲姿势,快速用力蹬直后腿,身体向前"弹出",在后腿蹬直瞬间,两刀抬离冰面,身体有个腾空阶段;两臂配合腿的蹬踏动作,屈肘做小幅度快速摆臂;髋随重心移动而前送,外转的前脚冰刀以内刃踏切动作迅速着冰,并使刀跟落于前进方向的中线上。

③采用蛙式起跑,两手迅速撑离冰面,两腿同时用力蹬冰,并快速前摆浮腿。浮脚冰刀无须做外转动作。

2. 直道滑跑技术

(1)滑跑姿势

滑跑姿势在发挥技术、减少阻力以及增加推进力并持续长时间的紧张工作方面起着十分重要作用。合理、正确的滑跑姿势可以使滑冰者保持最大用力能力、最大限度地减少滑跑中的阻力、快速地行进。

直道滑跑姿势要求滑冰者上体姿势是上体放松成背弓的流线型姿势。上体应倾至几乎与冰面平行或肩背略高于臀部,与冰面形成 $10°\sim25°$ 角,上体要充分放松,团身,两肩下垂,力求接近流线型。头部微抬起,目视前方 $10\sim20$ 米;腿部成低姿势。即大腿深屈,膝关节角度约 $90°\sim110°$,踝关节角度在 $55°\sim75°$,髋关节角度屈至 $45°\sim50°$,并使身体重心线(是通过身体重心的假设线)从后背下部穿过大腿,经过膝盖后与脚的中后部相接(图 7-1)。

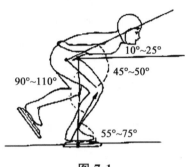

图 7-1

（2）自由滑行

自由滑行是指蹬冰脚冰刀蹬离冰面后,另一腿借助前次蹬冰惯性,在冰上支撑滑行至该腿开始蹬冰前的滑行过程。

自由滑行技术方法要求滑冰者的支撑腿冰刀由外刃过渡到平刃支撑;鼻、膝、刀成三点一线的滑行姿势;身体重心放在冰刀中后部的上方;两肩保持平稳,上体朝着滑行方向稍倾斜;保持基本滑跑姿势,不得上下起伏(图 7-2)。

图 7-2

（3）收腿动作

直道滑跑的收腿动作是与自由滑行动作同步的协调动作。收腿动作的技术方法主要包括以下几点。

①起于蹬冰腿结束蹬冰变为浮腿开始收腿。

②利用蹬冰腿蹬冰结束的反弹力以及内收肌群收缩,将冰刀抬离冰面,完成收腿还原动作。

③浮腿屈膝放松,并以大腿带动,以最短路线直接内收至身体的矢状面。

④结束收腿时,浮腿大小腿与支撑腿靠拢,膝盖低垂,冰刀垂直于冰面。最后止于浮腿收至身体重心下方的矢状面。

(4)单支撑蹬冰动作

单支撑蹬冰动作的分界时机是从开始横向移重心起,到浮腿冰刀着冰止。单支撑蹬冰动作技术方法主要包括以下几点。

①准确的蹬冰时机。准确适时地移动重心是非常重要的,身体总重心沿横向开始移动,浮腿从支撑腿后位开始向前摆动,身体失去平衡做积极"倾倒"压冰。

②牢固的蹬冰支点和侧蹬方向。冰刀以内刃切入冰面,刀尖指向滑行方向,形成牢固的支点并随身体重心横向移动,将全身力量集中地作用到冰面,向侧推蹬,产生强而有力的推进力。

③用刀刃中部蹬冰。注意绝不能将重心置于刀的前部开始蹬冰,以免造成身体重心偏前形成严重的后蹬冰错误,而削弱蹬冰力量。

④浮腿做协调配合。浮腿加速向前侧摆动,重心移动和蹬冰腿做加速展腿的协调配合动作,使蹬冰角(蹬冰腿的纵轴线与水平面之间的夹角,图 7-3)缩小、使水平分力加大,当浮腿前摆着冰时,则是快速伸膝展腿的最佳时机。蹬冰角可以决定蹬冰的力量效果,理想的蹬冰力曲线是负弦函数,经计算的蹬冰力曲线如图 7-4 所示。

图 7-3

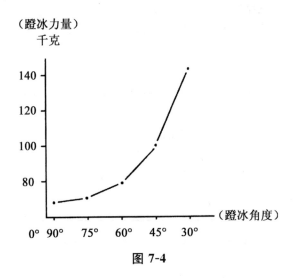

图 7-4

（5）摆腿动作

摆腿动作是蹬冰动作的一个重要组成部分。在直道滑跑过程中，在做单支撑蹬冰的同时，还要浮腿做摆动动作。该技术的具体操作方法如下。

①浮腿从后位的矢状面摆向身体重心移动方向。

②膝盖领先，以大腿带动小腿摆向身体重心移动的方向（前侧方）。

③摆腿时，将大腿前摆置于胸下，使膝部由下垂状态向前上抬起贴近支撑腿膝部。

④当摆腿动作即将结束时，尤其强调大腿抬送至胸下和小腿前送刀尖微翘起的动作，此时，应做到两腿、两刀尽量靠近，并将浮脚冰刀放于支撑脚刀前面，以准备用刀后部着冰，则摆腿动作结束。

（6）双支撑蹬冰技术动作（图 7-5）

双支撑蹬冰技术的具体操作方法如下。

①自浮腿冰刀着冰开始，继续控制体重于蹬冰腿，随重心移动蹬冰角缩小，加快展腿速度，并在结束蹬冰时达到最快速度。

②保持冰刀内刃全刃压冰向侧推蹬的蹬冰方向，刀尖指向滑行方向。

③充分利用蹬冰腿肌肉长度，使肌肉产生尽可能多的能量，蹬冰距离（幅度）尽量延长，在加快展直腿的过程中作用力总时间相对加长，使蹬冰结束时产生最大蹬冰力量。

④蹬冰速度达到最快时，将蹬冰腿充分展直。即在蹬冰结束时，蹬冰腿（膝、踝）关节充分展直，踝关节跖屈，蹬冰腿冰刀蹬离冰面。

图 7-5

（7）着冰动作

着冰动作又称为下刀动作，是指从浮脚冰刀着冰起，到完全承接体重止的动作。它与双支撑蹬冰动作是同步协调完成的。着冰技术的具体操作方法如下。

①着冰前浮脚冰刀应尽量靠近支撑脚冰刀并领先 1/2 刀长的部位，刀尖稍翘起朝着新的滑行方向做好着冰准备。

②以冰刀的外刃（或平刃）和冰刀的后半部着冰。

③膝盖领先上抬，小腿积极前送，顺势做向前的快速着冰动作。

④尽量缩小着冰刀的出刀角度，接近直道方向着冰，使新的滑行方向沿直线滑行。

（8）摆臂动作

摆臂动作可分为单摆臂、双摆臂和背手滑行（不摆臂）。一般来说，单摆臂多用于中长距离，以保持滑行节奏和速度的均匀；双摆臂多用于起跑、短距离和终点冲刺，以提高速度；背手滑行多用于弯道后的直道中，以延长滑步，放松一下。下面主要介绍双摆臂动作。在做双摆臂动作时，要求两臂前后加速摆动，准确协调的配合是良好滑行技术的基础。摆臂力量、幅度要与腿部动作及滑跑速度相一致。两臂摆动有三个位向点，即左（右）臂的前高点、两臂的下垂点和左（右）臂的后高点（图 7-6）。在向前摆臂时，手臂从后高点顺势下落经下垂点加速向前上方摆至前高点，然后，臂从前高点回摆下落经下垂点，接着加速向后方至后高点。

摆臂技术动作的具体操作方法如下。

①摆臂应领先于腿部动作，当腿部动作高速运动时，臂与腿才同步运动。

②两臂以肩为轴做独立的加速前后摆动。

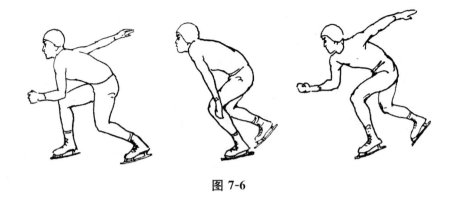

图 7-6

③前摆至最高点时，手不超过肩高。肘部弯曲夹角在短距离可小于45°，在长距离可在 150°～170°。

④后摆至后高点时，肘与手的动作要求是：短距离肘要保持弯曲状态，肘与肩部大致齐平，手略低于肘部，如后摆过高则摆臂路线会加长而降低摆臂速度；长距离则肘部不能弯曲，手臂在后高点可略超过头部。

⑤两臂贴近大腿摆动，使之与头、支撑腿、躯干成平行摆动方向，以保持平衡。

3. 弯道滑跑技术

(1)滑跑姿势

滑跑弯道技术的滑跑姿势具体操作如下。

①上体动作：上体前倾程度要比直道更接近水平状态。优秀选手上体前倾的水平角男女分别为长距离 16.5°和 14.8°，中距离为 15.7°和 13.4°。上体放松、团身背弓，成流线型并朝着滑行方向，身体成一线向左倾斜，保持平稳流线型状态。

②头部、肩部和臀部动作：在弯道滑跑中，头部要与身体其他部分成直线，并始终要处于整个身体的领先位置；两肩始终保持平行稳定状态，并与离心力方向成一直线（即两肩处于半径延长线的平行位置）；臀部始终保持与冰面平行。

(2)单支撑左腿蹬冰动作

单支撑左腿蹬冰动作是指自右脚冰刀离开冰面起，到右腿摆动后重新着冰的动作。单支撑左腿蹬冰技术动作的具体操作方法如下。

①保持两肩、臀部与冰面平行稳定状态；大腿和膝部位于胸下，并以左刀外刃牢固咬住冰面；保持后坐使身体重心位于冰刀中部。

②展腿时,先展髋,与此同时深屈膝踝(压膝),当浮腿摆经蹬冰腿时,蹬冰腿膝关节开始积极加速伸展。

③沿弯道半径延长线向外侧蹬冰,使蹬冰腿肌肉完成最有效的蹬冰。

(3)右腿摆腿动作

右腿摆腿动作是指自右腿蹬冰结束抬离冰面起,到右腿加速摆动与左腿交叉后至右腿冰刀着冰的动作。右腿摆腿技术动作的具体操作方法如下。

①屈膝以膝盖领先摆收右腿,在重力和屈髋、膝肌群内收的作用下,使腿部由外展动作变为内收和前跨动作。

②右腿向左腿右前方朝着支撑腿加速摆动。

③右腿交叉经过左腿时,右刀跟要贴近左刀尖做交叉跨越动作,以保证左脚侧蹬,并为右脚着冰动作做好准备。

(4)双支撑左腿蹬冰动作

双支撑左腿蹬冰动作是指自摆动后的右脚冰刀着冰起,到左脚冰刀结束蹬冰离开冰面的动作。双支撑左腿蹬冰技术动作的具体操作方法如下。

①身体重量尽量控制在蹬冰腿上,充分利用体重完成最后蹬冰动作。

②将蹬冰刀控制在臀下,用刀刃中部做快速向侧推蹬。

③当蹬冰结束时,在膝关节展直的基础上,重心移向冰刀的前半部,使踝关节迅速跖屈,以增加蹬冰腿做功距离和充分发挥肌肉的有效力量。

(5)右脚冰刀着冰动作

右脚冰刀着冰动作是指自右脚冰刀以内刃着冰起,到该腿完全支撑承接体重左腿蹬冰结束冰刀离冰的动作。右脚冰刀着冰技术动作的具体操作方法如下。

①着冰点应在支撑脚冰刀左前方(靠近支撑脚冰刀),沿弯道滑行方向(贴近弯道切线方向),使着冰脚冰刀准确地落在重力与离心力的合力点上。

②刀尖抬起朝着切线方向,以刀跟内刃先着冰。

③右腿以前跨动作使膝部朝着弯道滑行方向,并保持右脚冰刀着冰后的小腿向左倾斜度,顺势着冰。

(6)单支撑右腿蹬冰动作

单支撑右腿蹬冰动作是指自左脚冰刀离开冰面起,到左腿摆动后重新着冰的动作。单支撑右腿蹬冰技术动作的具体操作方法如下。

①右腿蹬冰基本与直道右腿蹬冰动作相同。

②左腿蹬冰结束,右腿即刻蹬冰。左腿蹬冰结束时,右腿沿着弯道切线方向滑行开始蹬冰,并逐渐滑离雪线,此时身体重心却沿着另一切线方向移动(冰刀与重心运动方向不同),随右腿滑离雪线,腿部应弯曲(压膝、踝),当

左腿摆收到与蹬冰腿成交叉部位时,蹬冰腿应积极展髋、展膝,向侧蹬冰。

③整个身体成一线保持向左倾斜平移姿势(两肩、臀部与冰面平行),冰刀以内刃咬住冰面,沿切线方向滑行并沿弯道半径向侧蹬冰。

④利用冰刀内刃中部,加速完成侧蹬动作。

(7)左腿摆腿动作

左腿摆腿动作是指自左腿结束蹬冰冰刀蹬离冰面开始,到左腿冰刀着冰的动作。左腿摆腿技术动作的具体操作方法如下。

①借助于蹬冰结束时的反弹力和重力在股内收肌作用下摆收左腿。

②刀跟抬起,刀尖向下,冰刀几乎垂直于冰面,屈膝、屈髋完成提刀动作。

③以膝盖领先大腿带动,沿身体重心移动方向加速摆收。

④在摆腿过程中,大腿做向上抬送动作,使刀尖由朝下变为与冰面平行动作。

(8)双支撑右腿蹬冰动作

双支撑右腿蹬冰动作是指自左脚冰刀着冰起,到右腿蹬冰结束冰刀离冰的动作。双支撑右腿蹬冰技术动作的具体操作方法如下。

①展腿达到最高速,右腿快速展直完成蹬冰动作。

②保持两肩、臀部与冰面平行移动,随蹬冰腿加速伸展,使蹬冰角达到最小角度。

③蹬冰时,右脚冰刀内刃牢牢地咬住冰面,避免在蹬冰结束阶段出现滑脱现象。

④采用新式冰刀技术时,当蹬冰结束时,重心移至冰刀前半部,使踝关节跖屈,充分展直蹬冰腿。

(9)左脚冰刀着冰动作

左脚冰刀着冰动作是指自左脚冰刀的外刃着冰起,到左脚冰刀完全承接体重右腿蹬冰结束冰刀离冰的动作。左脚冰刀着冰技术动作的具体操作方法如下。

①左腿前送到位。要做到展膝屈踝,将刀尖抬起。

②左脚冰刀以外刃、冰刀的后部先着冰。

③沿着弯道标记的切线方向着冰,以便向贴近弯道标记滑进,以延长蹬冰距离。

④着冰动作要做到前冲迅速,并与快速结束蹬冰动作配合同步协调。

4. 终点冲刺技术

终点冲刺是全程滑跑的一部分。在全程滑跑的最后阶段,运动员应努力保持合理的滑跑技术,竭尽全力滑完全程,并以合理有效的冲刺技术触及终点线,完成冲刺。终点冲刺技术的具体操作方法如下。

(1)滑冰者应注意保持正确的滑跑动作和已取得的滑跑速度,注重向侧蹬冰的质量。同时,采用双摆臂加快蹬冰节奏。

(2)滑冰者应采用"箭步送刀"的方法结束用冰刀触及终点线的最后冲刺动作。

(二)花样滑冰基本技术

花样滑冰技术可分为三种类型:单人花样滑冰技术、双人花样滑冰技术和冰上舞蹈技术,

下面重点介绍单人花样滑冰基本技术。

1. 基本滑行技术

(1)冰上站立

该动作要求滑行者两脚稍分开,与肩同宽,平稳站立,冰刀与冰面保持垂直,两膝微屈,上体保持正直(稍前倾),重心落在支撑脚上,两臂在体侧前伸开,自然控制身体平衡,目视前方。

(2)单脚蹬冰、单脚向前滑行

该动作的准备姿势与双脚滑行相同,在蹬冰结束后滑行者应注意保持重心不变和单脚向前滑行姿势,蹬冰脚放在滑脚后,保持身体重心平稳,换脚时,浮脚要接近滑脚,两臂在两侧自然伸展。

(3)双脚向后滑行

该动作要求滑行者双脚成内八字形站在冰面上,脚尖靠近,脚跟分开,身体重心在冰刀前半部,双膝微屈。开始时双脚同时用内刃向后蹬冰。双脚间的距离同肩宽时,将双脚跟向内收紧,形成双脚平行向后滑,同时两膝逐渐伸直,靠拢后再次蹬冰,如此反复进行。

(4)前外刃弧线滑行

以左脚内刃蹬冰,用右脚外刃滑出为例,该动作要求滑行者身体向右侧圆弧内倾斜转体,右臂在前,左臂在后,滑脚膝部逐渐伸直。换脚时右脚用内刃蹬冰,左脚用外刃着冰,滑出前外弧线。滑膝的伸屈要和两臂及浮脚的移动协调一致。

(5)前内刃弧线滑行

以右脚滑前内弧线、左脚内刃蹬冰为例,该动作要求滑行者右脚用内刃向前滑出,身体重心向左倾斜,转体,右臂在前、左臂在后,面向滑行方向,右膝微曲,左脚蹬冰后沿滑线靠近滑脚前移,逐渐伸直,滑脚膝部逐渐伸直,换

脚时右脚用内刃蹬冰,左脚用内刃滑出。

(6)后外刃弧线滑行

该动作要求滑行者双脚平行站立,两肩和臂平放,面向滑行的方向,用右脚后内刃蹬冰,两臂动作协调配合,右臂用力向后滑行方向摆动,左臂在前。右脚蹬冰后迅速放在滑脚前,左脚做后外刃弧线滑行,当滑行到弧线一半时头向圆内,上体随着向外转动,浮脚靠近滑脚移向滑线前,上体姿势不变。然后再做右后外弧线滑行。

(7)后内刃弧线滑行

该动作要求滑行者双脚平放在冰面上,背向滑行方向,两臂伸向身体两侧,用右脚蹬冰,左后内刃做弧线滑行,右臂在前,左臂向滑行方向用力摆动,右脚蹬冰后迅速放在滑线后,滑至弧线的一半时,浮脚向滑脚靠近,上体均匀缓慢地向圆内转动,浮脚伸向滑线前,上体保持姿势不变。换脚继续滑行,方法同上,方向相反。

(8)急停

急停动作可有效避免滑冰比赛过程中受伤或增强在表演节目的段落和结束时的表演效果。

①双脚向前内刃急停:在向前滑行时,突然将脚尖靠近,脚跟分开,身体重心后移,两腿微屈,双膝靠近,形成用双脚冰刀内刃向前刮冰的急停动作。

②单脚前外刃急停:在向前滑行时,突然用右或左脚前外刃做横向刮冰急停动作,身体稍向后倾,另一脚离开冰面。

2. 基本旋转技术

旋转技术是花样滑冰技术的重要内容。一般情况下,大多数人习惯于向左的逆时针方向旋转,也有少数人能掌握左右两个方向的旋转。下面重点介绍向左的逆时针方向旋转。

(1)双脚旋转

双脚旋转动作是旋转技术中难度最小的一种,它是由两只脚支撑冰面做出的旋转动作。该技术的具体操作方法如下。

①双脚直立旋转:该动作要求滑冰者原地直立,双脚分开与肩同宽,左臂在前右臂在后,双膝微屈。旋转开始时,左臂带动左肩用力向左后摆动,右臂带动右肩用力向前摆动,双膝同时迅速伸直,使整个直立的身体形成一个旋转的轴心和两个相反的转动力,此时便形成了左后内刃—右前内刃的双脚直立旋转。在旋转开始的前几圈,两臂成对称侧平举姿势,以控制身体平衡和转动轴心。此后可收回两臂于胸前,以缩小旋转半径,加快旋转速度。在旋转结束时,伸开双臂,减缓旋转速度,用右后外刃或左前外刃弧线

滑出。

②双脚直立交叉旋转:该动作要求滑冰者从双脚直立旋转开始,在起转后,左脚经右脚前方,顺旋转方向滑至右脚前外侧,形成双腿和双脚交叉姿势,用右后外刃和左前内刃成对称的双脚交叉旋转姿势,脚尖靠近脚跟分开。其他要求同双脚直立旋转。

(2)单脚旋转

单脚旋转是由一只脚在冰面上旋转的动作。单脚旋转技术主要包括以下几种方法。

①单脚直立旋转:该动作要求滑冰者先滑一右后内弧线,浮脚在后远离滑脚,右臂在后左臂在前,起转前右脚用力蹬冰,将身体重心移向左脚,左脚滑前外刀齿制动,成后内刃转动,右脚伸直摆到右前方,开始两臂侧举,待重心稳定后,两臂和浮脚再靠拢身体加快转速,身体重心始终保持在冰刀的前三分之一处,结束时两肩臂侧举、左脚蹬冰、右脚用后外刃滑出。

②单脚直立快速旋转:该动作要求滑冰者在旋转时将右脚收回,沿左腿前外侧由膝部向下滑动,使两脚形成交叉状,缩小旋转半径,加大旋转速度。

③单脚直立反旋转:该动作要求滑冰者在完成右前内—右后外"3"字转体后,立即用右后外刃在原地做旋转动作,两臂动作成侧平举姿势,左浮脚在左前外侧,当旋转重心稳定后,收回两臂和浮脚,加快旋转速度。也可将左脚和左腿交叉放在右腿滑脚前外侧。结束时以右后外刃或左前外刃弧线滑行。

(3)跳接旋转

跳接旋转是指将跳跃动作与旋转动作结合为一体的旋转动作。跳接旋转技术主要包括以下几种方法。

①跳接蹲踞旋转:该动作要求滑冰者在开始时,用左前外刃起跳,上体保持直立,当用刀齿制动起跳时,滑腿膝部弯曲,两臂由左右前方同时向上摆动,右腿经侧后方向前摆动,左腿在空中形成蹲踞姿势,当身体向下落时,应尽快将左脚向下伸直,用刀齿触冰,然后再过渡到左后内刃上,此时右腿顺势向旋转方向自然摆动,左腿迅速下蹲,两臂收至胸前,形成蹲踞旋转。结束动作同其他旋转动作。

②跳接反蹲踞旋转:开始时,同跳接旋转技术基本相同。起跳后,右腿在侧后方摆动向前,并尽快弯曲成蹲踞姿势,同时左腿迅速向前外侧伸展,两臂向前外方向自然伸展,保持身体平稳,身体下落时,迅速将右腿向下伸直,用刀齿触冰后下蹲,左腿向旋转方向摆动,两臂收至胸前,形成右后外刃反蹲踞旋转动作,结束动作同其他旋转动作。

3. 基本跳跃技术

在滑冰技术中,跳跃动作尤为重要。起跳方式主要包括单脚刃起跳和点冰跳两种,主要的跳跃动作主要有华尔兹跳、阿克谢尔跳、沙霍夫跳、鲁卜跳、点冰鲁卜跳、菲力普跳等,不同跳跃技术难度不同,同一跳跃也因在空中转体周数不同而有所差别,周数越多,难度也越高。滑冰者无论采取哪种跳跃技术,都涉及到以下技术环节。

(1)准备:该阶段由滑腿屈曲开始到起跳前为止,包括从运用滑行技术来增加速度的助滑到起跳前缓冲。跳跃的准备阶段是为增加起跳的效果做好充分准备,主要技术有滑腿屈伸与四肢预摆的配合。

(2)起跳:该阶段是从身体重心从最低点开始到滑脚即将离冰结束,包括四肢下摆、上摆、滑脚蹬直制动和预转的技术配合。

(3)空中动作:该阶段是由冰刀离开冰面开始到冰刀触冰结束,包括收回四肢(加速转)、展四肢(减速转)、转体技术及其配合。

(4)落冰:该阶段是由落冰脚触到冰面开始到身体重心降至最低点为止,包括深屈滑腿和展四肢的技术。

滑冰者在熟练掌握上述技术环节的基础上,才能将各种跳跃动作做得游刃有余。

三、滑冰器材的选择与应用

滑冰器材的选择是否合理,对初学滑冰者能否正确掌握动作技术、提高滑冰技巧和水平、避免运动损伤等都具有十分重要的意义。滑冰运动的冰刀和冰鞋的选择与运用可参考以下内容。

(1)冰刀。其固定在鞋底上,冰刀较矮,刀刃、刀托为一体。刀身有一定弧度,刃较厚,呈浅"凹"沟形,沟两边刃锋利,既便于滑行又能使冰刀在冰面上留下清晰的图案。刀刃前端有5~6个锯齿,根据锯齿的大小冰刀可分为图形刀和自由滑刀两种。图形刀的锯齿较小,可避免滑图形时刮冰。自由滑刀锯齿较大,便于急停、跳跃或迅速改变动作。冰刀应与鞋的大小相适应,一般刀身前端的刀齿应在鞋底前端的边缘处,刀身前端安装在脚的大脚趾与二脚趾之间的正下方,刀跟装在脚跟正中间的下方,刀尾应超出鞋后跟1~2厘米(图7-7)。

(2)冰鞋。其主要是由优质牛皮制成,高腰高跟硬底,男子鞋为黑色,女子鞋为白色。

图 7-7

滑冰运动员所选择的冰鞋是否合适对其滑跑技术有着十分重要的影响。如初学滑冰者抱怨自己踝关节太软立不起来,很可能是由于所穿冰鞋不合脚。滑冰运动员在选择冰鞋时应注意,鞋面结实柔软,冰鞋形状合脚坚挺,穿鞋后脚跟有坚实稳固感,没有多余的空间又不挤脚。穿着一双合适的冰鞋会使运动员产生好的冰感,对于协调动作和形成好的技术定型十分有益。

四、滑冰运动的竞赛规则

滑冰运动的竞赛规则主要包括以下几点。

(1)滑冰比赛均为逆时针滑跑,即跑道的内侧在运动员的左边。

(2)超越:无论何时都允许超越。如被超越者没有做不正当动作,任何阻碍和碰撞均由超越者负责。

(3)完成比赛:运动员以冰刀的刀尖触及终点线时即为完成比赛距离。

(4)罚则:运动员被扣一圈时可以继续比赛,但应在跑道外侧滑跑,不能妨碍其他运动员;运动员被扣两圈,应退出该组竞赛,除非当时处于竞争的地位。

(5)违反滑冰运动竞赛规则包括下列各条。

①离开跑道:以一只或两只冰刀滑跑到以跑道标志块标示的弯道左侧缩短距离。

②横切:在跑道上不合理地穿越滑行,或用任何方式干扰其他比赛队员。

③阻挡:故意用身体任何部位妨碍、拦阻或推其他比赛队员。

④降速:不必要地降速造成其他比赛队员减速或猛撞。

⑤援助:在竞赛中给予或接受体力的援助,但不包括在接力竞赛中,运动员推同队队员。

⑥碰撞:碰撞或阻碍正在超越的运动员。

⑦集体滑跑:与其他运动员串通,使一次竞赛的成绩不是靠自己的实力来取得。

⑧危险冲刺:比赛期间禁止故意踢出冰刀或将整个身体摔过终点线引起危险,否则将被取消比赛资格。

第三节　漂流

一、漂流运动概述

漂流运动最早起源于爱斯基摩人的皮船和中国的竹木筏,直到第二次世界大战结束之后,它才成为一项真正的户外运动。漂流运动相比其他野外运动项目,不仅具有休闲娱乐特点,而且还更为安全,但是在漂流过程中如果遇到较为凶猛的激流或暗藏的礁石,往往可表现出一定的惊险性和刺激性。

我国的漂流活动最早源于长江探险漂流、雅鲁藏布江科考漂流等一系列探险活动。例如,1998 年的"雅漂"和"珠漂",都是中国人在精神和肉体上对自我的一种"极限挑战"。2000 年 8 月,中国首届漂流大赛在内蒙古海拉尔市拉开帷幕;2006 年在广东省英德市成功举办了"2006 中国国际漂流大赛";截至 2011 年,我国已经连续成功举办了五届"中国攀枝花国际长江漂流节"。目前,我国已有营业性漂流场所 200 余家,而各种群众性、自发性的漂流探险活动的数量则无法统计。

漂流运动可分为三种类型,即自然漂流、探险漂流与操控漂流。在某种意义上来说,自然漂流和探险漂流又归属于自然漂流一类,其主要目的在于探险,因此具有较大的危险性,故不强调群众参与。我们通常所说的漂流运动,一般指的是狭义上的自然漂流和操控漂流。自然漂流一般是在水流比较浅且平缓的河道中进行。自然漂流就是让每个漂流者自由自在地参与漂流活动,而漂流组织者只为每位漂流者提供必要的漂流艇、筏、桨等设备,并在沿途各个要害点上加以监督和保护,由漂流者自行完成整个漂流过程。而操控漂流就是由操控漂流艇的船工对漂流的过程进行有效控制,参与漂流的漂流者在船工操控之下漂完全程。因此,从一定意义上来讲,操控漂流较自然漂流安全性更高。

二、漂流的器材与装备

(一)漂流船的类型

在选择漂流船时,应将漂流河段的类型作为参考依据。漂流船主要有以下三种类型。

1. 竹排

竹排常运用于风平浪静的河段。竹筏（或称竹排）一般不宜在急流险滩中使用，容易被卡住或翻沉，但在风平浪静时漂行，却韵味十足。橡皮筏的适应性非常强，即使遭遇落差较大的瀑布或是险峻的河谷，也几乎总能化险为夷。

2. 橡皮艇

在礁石较多的河段，可选择橡皮艇进行漂流。因为橡皮材料柔韧性能好，又有充气囊可以柔克刚，一般的礁石奈何它不得。如今的橡皮艇已由过去的纯橡胶改进为高强度纤维，质地更轻，耐磨耐冲击，耐紫外线高温日晒，船体更具流线型。

3. 小木船

在河道较直、少弯道礁石的河段，漂流者可选择小木船进行漂流活动。小木船介于橡皮筏与竹筏之间，其适应性较橡皮筏弱。在操作技术方面，小木船较橡皮筏要难一些。一般，小木船可乘坐 8 人漂流，在小三峡和神农溪的漂流中常可见到一种名叫"豌豆角"的小扁舟。乘坐橡皮筏或小木船都切忌站立或走动，必须注意保持船体平衡。

（二）漂流器材

1. 船桨

船桨最初以木质为主，其主要是由上好的橡木精制而成。现在所用船桨多以高强度玻璃钢制成，因而显得更加坚固、耐用和轻便，可漂在水面上。大桨：将近 4 米长，使用时需固定在船架上，一人用 2 支（双桨），多为船长使用，控制大方向；短桨：手柄用聚乙烯包裹，桨片使用的是超级强韧的聚乙烯，因此尽管威力强大但仍然很轻，平均重量 2 磅。其中，大桨可拆分，便于携带及更换。

2. 救生衣

与普通的救生衣相比，漂流所用的救生衣更大，包裹身体的范围也大些，有前扣的皮带扣和更多的调整点，使它能适合更多不同体型的人。有些还带有头托来托起头部，以防无意中被撞到头部，并且在游动时保持头部能挺起。漂流所用救生衣的设计充分考虑人体工程学,不会摩擦手臂,方便划船。普通救生衣浸水过久会降低浮力,但专业的漂流救生衣则能长期保持强大的浮力。

3. 安全扣环

安全扣环是漂流运动的必备装备之一,其常常挂在救生衣上面。

4. 绳索

绳索作为漂流的必备工具之一,其作用是用以救生。在不用它的时候,一定要将其收好,否则容易发生抛不出去的状况。

5. 救生绳投掷包

专门用于漂流的救生绳以聚丙烯制成,绳子可漂浮在水面上。经测定,3/8 英寸(1 英寸＝2.54 厘米)粗的聚丙烯绳的抗拉强度为 1 900 磅,约合 860 千克。

投掷包的宽口径设计类似攀岩用的镁粉包,使绳子在急需时容易拉出。投掷包上都附有浮力板,采用游泳背心的材料制成,浮力强大。投掷包有两种,一种是网状的,一种是密封的,以耐磨材料 Cordura 制成。

6. 防水包

在长途漂流中,载重型的防水包是必备的漂流工具之一。防水包的背包带和提手设计使它非常好运输,而坚固的 PVC/涤纶结构使之能经受得住野外旅行的摔打考验。暴风式密封设计能确保干燥。

7. 刀

刀也是漂流运动必备的一种工具。在遇到紧急情况时,刀主要用来割破船艇或是割断绳索求生。

(三)漂流装备

1. 头盔

头盔是漂流运动必备装备之一。对于漂流探险来说,一个质量好的头盔在翻艇时可有效保护漂流者的头部不受暗礁、岩石的碰撞,可起到保护人身安全的重要作用。在漂流之前,漂流者应认真检查头盔的卡扣是否扣牢。高密度聚乙烯外壳和防水泡沫内衬既舒适又有强力的保护作用。透气孔能迅速地排水,而边上的开口设计可使漂流者的听力正常。下巴上那个可调节松紧度的扣子使钢盔牢固地套在头上。

2. 防水上衣

防水上衣也是漂流运动必不可少的一种重要装备。由于漂流运动常常在湿冷的状态下开展,因而选择一件好的防水上衣来抵御冷水的侵扰显得非常必要。一般由 3 毫米厚的杜邦合成橡胶(潜水服的防寒材料)制成。够大的袖孔能够确保运动时有完全的自由,膝部护垫上有压纹,双拉式的 YKK 拉链,踝部的拉链是有弧度的流线型,可使人在冷水中长时间保持体温,避免因冷水刺激致使体温下降而出现意外。

3. 漂流手套

一副好手套可以起到保暖、防止手部起水泡的功效。此外,它还可以增加摩擦力,便于漂流者操作船桨。

4. 漂流靴

漂流靴可使保护漂流者足部不受冷水浸泡和避免受伤。漂流者赤脚在河岸行走或涉水时很容易被尖锐的石头割伤,准备一双防滑鞋是很有必要的。漂流靴既可以起到保暖的作用,在岩石上行走时又可使脚得到保护。

三、漂流运动的技术

(一)漂流的读河技术

1. 激流

在漂流运动中,激流是不可避免的一种河流现象。通常,河流会呈现出多种状态:有的河段河水蜿蜒平稳地流动,平静得像池塘一样;有的河段落差明显,激流如奔腾的烈马;在河流的某些地段,水面由于错综复杂分布的巨石的影响而扩宽成缓慢流动的水面;在河流的某些地段,河水通过狭窄的悬崖缝挤压而下,流水与崖壁碰撞巨浪滔天。激流常呈现出多种状态,而形成这些不同之处的原因主要包括以下四点:第一,平整度——受石块、边缘形状以及砾石形状影响的河床表现;第二,斜度——河床顺流而下的斜度;第三,构造——河床的宽窄度;第四,体积——顺流而下的水量(通常以立方英尺/秒来计算)。

在漂流运动中,应付激流是漂流的关键所在。而应付激流的难易程度由躲开障碍物的难易程度决定,其主要影响因素有障碍物类型、水速、通道宽度、湍流、拐弯处形状等,而且对于一股特定的流水来说,这些影响也是随其经过位置的水平面高低变化而不同的。但是一个河流探险者必须了解每一股激流的特性。激流的种类如下。

(1)通道。顺流而下的河水通常以不同的大小沿多条通道通行。而激流和通道很少与河岸平行,并且在流动过程中经常分开,对一个漂流者来说,理解这些激流和横跨河面的激流对船的影响以及如何最有效地利用它们是很有必要的。

(2)舌状潮水。在许多激流的开头,是平稳而快速流动的水,其形状呈倒"V"字形,这个"V"形就标志着是激流的通道。

(3)形如干草堆的排浪。当快速流动的潮水趋向变缓时,将形成一系列大的持续的波浪(即常说的干草堆),平直排列的持续的干草堆排浪通常表示最深的通道。

2. 河道弯曲

在漂流运动中,熟练掌握河道弯曲技术显得尤为重要。一个漩涡就是河水在该处不能停止也不能逆流而上的地方,是由于石块存在于河流的中部或河岸对河水一排持续的波浪的反射,或是一个较急的河流转弯……顺流而下的潮水和漩涡的分界线以打旋的水和水泡为标志。这是由顺流而下的主潮水和顺流而上的漩涡中的水之间的摩擦引起的。

在较急的河道拐弯处,潮水被离心力牵引,在外环线堆积。内环线则存在着流速较慢的水(可能是漩涡),并且较浅,因此最深的通道和最快的流速是沿着外环线的。

3. 间断连续的波浪

间断连续的波浪与间断的海洋波浪非常相似,也有足够的力量打击漂流艇筏。

4. 逆流

逆流是指部分河水在某一区段摆脱主流,逆向流动,形成一股与主流方向相反的猛烈的水流。逆流作为最危险的河流特征之一,往往会出现孔洞、阻塞、水力(阻力)、拖滞、卷曲、侧向卷曲、激流尾部和滚浪等情况。

(1)洞孔是逆流常见的形式。它是当水流过巨石的表面时形成的。水流过岩石上面再注入河底,在水面形成一个间隙,这个间隙被往回的逆流填满。从逆流看,这些水孔后面是大量的、平整的、泡沫状的小水坑。

(2)垂直下落的瀑布底部。这是逆流的另一种典型现象。这种水力现象的形式与孔很相似,但更强,因为这些水以巨大的势能涌向瀑布底,它们也更危险,因为底部这些泡沫状的逆流有可能抓住游泳者和木筏。

5. 直立浪

直立浪是漂流运动中常遇到的一种河流现象。当流速快的水流遇到流速慢的水流,水流量无法及时排走,就会浪浪相叠摞起来,形成高高的直立浪。直立浪通常都是些冲天大浪,但是非常有规律,而被礁石激起的水浪往往是散乱不齐的。如果直立浪很高但坡度平缓,不妨让船头对准浪尖,直接骑过去,这就是所谓"切浪"技术。如果直立浪非常陡峭汹涌,漂流者应选择从浪的边缘通过。

6. 倒卷浪

倒卷浪是漂流运动中常出现的一种危险的河流特征。河水流过半隐于水下的礁石的顶部,汇入礁石后面憩流(止水),河水自动形成反向的流动(向上游方向流动)。因此,倒卷浪多出现于隐秘水下的礁石的下游位置。如果潜藏于水下的礁石体积较大,相应地在其下游也会出现较大的倒卷浪。这种较大的倒卷浪通常被称作"洞"。这些漂流运动中出现的"洞",其形态颇像抽水马桶,一旦误入"歧途",被吸住,就会陷在其中,甚至把船掀翻。

(二)漂流操桨技术

1. 前进与后退

在漂流运动中,掌握前进和后退技术是漂流者应重视的方面。正对前进方向或背对前进方向向前侧身,手臂打直,把桨伸到水里,利用整个身体的力量把两边桨往回拉或前推,要记住身体的用力方向与桨对水的作用力相反、水的反作用力与推动艇筏前进的方向一致。每次划动都应是一个持续的动作,力量均匀地作用于每个桨,一个基本的技巧就是"直面危险,努力拉动"。因为这种拉动是最有力的,因此很多操作都用此方法让船减速或后退。

2. 改变船的角度

(1)单桨转动。只使用一支桨,当一支桨划动时,另一支桨在水面,会让船产生一些后退运动。

(2)双桨转动。双桨转动需要一点技巧,需一支桨推动时,同时拉动另一支桨,双手反向运动。

在漂流运动中,采用双桨操作船会转得快些,并且可以围着中心转。这种技术是用于让船在大的波浪中直行,设置船朝向渡口的角度或者让船转向。

3. 避开障碍

为避开直接的障碍,常用摆渡的方法从旁边穿越水流。避开障碍的基本技巧主要包括以下几点。

(1)确定水的流向(不必与河岸平行)。

(2)让船左右转动以便与水流成一个角度(即设定摆角角度)。

(3)平滑拉动,持续操桨。

4. 激流摆渡

当船边水流的力量(由摆渡角度引起)推动船从侧边穿越水流时,猛烈的敲击会降低船速。这样即使最小的水流运动也可能让船摆上渡口。激流摆渡的基本技巧主要包括以下几点。

(1)把船转到想要到达的角度上,改变船在河中的位置,最重要的是让船与流水保持一定角度,然后开始向后划桨,而不是向着河岸。

(2)当船处于一个不是直对逆流的摆渡位置,用旋转船的方法将船从侧边滑过障碍或穿过一个狭窄的通道。用双桨旋转让船转向,并利用船后部旋转时水流对船的力量,让船从障碍物后部穿越,让船首保持直指逆流的方向。

激流摆渡主要用于让船保持钝角(大于 45°)或在没有空间转动船首时避开障碍,而无须花费太大的力气。

5. 利用后部旋轴使船转向

(1)以一个钝角接近障碍,在拐弯处上渡口。最重要的是船对水流的角度,而不是对岸的角度。

(2)拉动上首桨(离障碍物最远),使船旋转,让船首首先穿过船道。在水流与岩石的冲撞中,船可能撞上岩石,在石头周围摇摆。毫无疑问,一个操桨者为了很技巧地穿过急流,必须学会娴熟地使用纵旋轴、后旋轴和运用所有划桨技术。

6. 排桨船操作技巧

排桨船操作技巧与双桨船不同,双桨船是由一人操桨,而排桨推进则是通过船长和船员的共同努力,并且大部分操作都是顺流的,船以比水流更快的速度向前进。船员坐在船边,并使力量均匀地分布于船的两侧。船长坐在船首指挥,把他手中的桨作为方向舵。这时船上人员的配合更紧密,因为船的前进趋势常在障碍物中形成一个紧密的道路。因此,船长必须预料到前方水况,并迅速地通知船员跟进,而不是与水流背道而驰。船长发布口令,用这些口令就可以像一人划船一样地操作船。

在漂流运动中,如果遇到满布障碍物的水域和危险水道,根本没有时间精确地指向通道,让桨向前,因为船顺流而下的速度太快了。这时,可采取以下方法来降低船速,让船穿过水流而到达边沿。

(1)逆流摆渡,需更强的力量。用此方法应让桨向前,使船与水流成一定角度,桨与逆流成一定角度,指向想到达的那边。

(2)顺流摆渡,所需力量较小,但能让操桨手看清前方,在最后时刻也易让船头转向。它是让后桨动作,让船首与逆流成一个角度,指向想到的那边。

排桨船操作给了我们一个激动人心(经常湿透全身)的体验方式。每个有经验的船员都能迅速地执行命令,让船穿越复杂的障碍和水流,让船员特别地亲近河水。

(三)应对紧急情况的程序

在漂流运动中,往往会遇到各种紧急情况,下面主要介绍几种特殊的河上自救和救生技巧,如果所有的船员都熟悉这些紧急情况的处理方法和程序,并能冷静、快速地操作,可有效降低危险程度。

1. 游过激流

游过激流往往会有一定的危险性,但是这个过程也具有一定的趣味。

(1)平静面对。漂流者应心态平和地面对急流,注意用脚避开前面的岩石,要抓住艇身内侧的扶手带,坐在后面的人身子略向后倾,让桨为自己把握方向。

(2)屏住呼吸。在漂流船冲入大浪前自己先深呼吸,然后屏住呼吸随漂流船冲入波浪,在浪与浪的间隔中,再次吸气、屏气,一直等到漂流船冲过急流、越过险滩,进入平缓水域再调整呼吸。

(3)远离船边。漂流者一般是骑在漂流船的船舷边操桨划水的,当冲过激流时,最可怕的是骑在外面的脚挤在船和岩石之间,这会导致腿部受伤,甚至还会让漂流者落水。因此要远离船边,特别是在航道上有岩石的一侧。

(4)举起桨求救。在漂流过程中遇到激流时,如果无法控制漂流船,漂流者应快速向周围求救。一把竖直举起的桨是求救的标志,它能告诉别的船只这儿有人在船上。

(5)防止体温过低。在漂流运动中,漂流者应注意防止出现体温过低现象。冲过激流时,飞溅的浪花会扑入船内,会弄湿漂流者的衣服,冰冷湿衣服会带走漂流者的体温。在不到 10 分钟的时间内就可耗尽漂流者的力气,应加强保暖措施。

2. 陷在漩涡里

在漂流过程中,漂流者所乘船常会出现陷在漩涡里的情况。除非船凭着很大的惯性冲过漩涡,否则卷曲的波浪会撞回到船上而使它停下来,水也会立即灌进舱内,常常让船猛烈地旋转乃至倾斜。一些漩涡甚至可能会掀翻船,当然这并非很常见,因为船会因浸泡而加重。措施是用桨或橹划动顺流的水以从漩涡中脱身而出,尽管漩涡表层的水通常都是逆流,其实在其下层及漩涡的旁侧都有与主流方向一致的水流,万不得已,用岸上的绳子也可以把船从漩涡中拖出来。

3. 与岩石碰撞

漂流者在穿越激流时,如果不能避开岩石(这种情况确实存在),可采取以下方法进行处理。

(1)掉转船头。航道上有岩石,漂流船在撞上岩石前,操桨手应轻轻旋转船,调转船头绕开岩石。

(2)船头撞上岩石。船体无法旋转,只好让船头撞上岩石,船体受阻会降低速度或停下来,这时就可通过一些旋转来调整航线,再次出发。

(3)集中于一侧。如果船侧有岩石,全体船员最好在碰上之前,立即跳到离岩石最近的船侧。船员集中于一侧的重量将会改变漂流船的重心,使其旋转,让船顺流绕开岩石。但要注意,如果重心过于集中于漂流船的一侧,可能会使漂流船失去平衡而导致倾覆与沉陷。

4. 倾覆

在漂流运动中,船只倾覆是一种较为危险的情况。倾覆的原因主要是由诸如大的漩涡、波浪、单侧的波涛及障碍(如石头和倒下的枯树等)所引发的。漂流船倾覆必然会使船上的人落入水中,这时救援和自救就显得非常重要。面对倾覆的自救和救援措施有以下几种。

（1）在漂流船倾覆前,漂流者可试着跳开以避免撞击到障碍上。

（2）一旦落入水中,如果能确定自己不会陷入船与石头之间的逆流中,应该尽量地浮在水面上。

（3）可采取上岸等方法,以避开这一段急流水域。

（4）尽量保持与同伴一起行动,如果有人失踪,应检查船下以确定是否被绳索或衣物缠住(这就是为什么必须确保没有松散的绳套)。

（5）不要担心装备,首要的是确定每个乘员的安全。

（6）由于从倾覆的船内游向岸边非常困难,漂流者通常会需要其他船只的帮助,这应该在远离急流的平静水面来操作。

（7）救援船只逆水接近,捞起倾覆船只的一条缆绳,再把它牵往岸边,其余船只也应该沿途搭救落水者并尽可能快地清点人数。

5. 沉陷

船只与岩石相撞往往会导致沉陷,这时就需要漂流者用绳子从岸上寻求帮助。用一根粗绳绕成 D 形环,穿过水道或船后面的船架,用一个拉力系统帮助提升。尽力拉起船,离开水域,利用船头或船尾的绳索帮助拉向岸边。

6. 靠岸

漂流者要想使倾覆的船只靠岸,需要注意以下几个方面的问题。

（1）急流与瀑布是不可避免的,应在无人的急流区系上救生绳以帮助船驶过。

（2）在岸上对船保持密切的控制,漂流者切记不可将绳索套在自己身上,在绳上打个结或将绳绕在树上都有助于实现对船的控制。

（3）靠岸的时候务必带上所有东西。

第四节　溯溪

一、溯溪运动概述

溯溪是由峡谷溪流的下游向上游,克服地形上的各种障碍,穷水之源而登山之巅的一项探险活动。溯溪本是登山行进中的技术之一,由峡谷溪流的下游到上游,直至顶峰,称为完全溯溪。溯溪是一项可以结合登山、攀岩、游泳、绳索操作、野外求生、定位等综合性技术的户外活动。在溯溪过程中，溯行者借助一定的装备，具备一定的技术，去克服诸如急流险滩、深潭飞瀑等许多艰难险阻，充满了挑战性。也正是由于地形复杂，不同地方须以不同的装备和方式行进，因而使得这项活动富于变化而魅力无穷。溯溪活动需要同伴之间的密切配合，利用团队协作精神，去完成艰难的攀登，对于溯溪者是考验，同时又可得到信任和满足，得到克服困难后的自信与成就感。所有的困难和未知都是启发漂流者思考和向上的动力，这就是溯溪的时尚魅力。

二、溯溪的方式与器材装备

(一)溯溪的方式

1. 初级溯溪

初级溯溪是溯溪运动的方式之一。沿着溪谷，逆溯到溪的源头，其行程不受时间限制，路程多少不定，踩着清流碎石，缓步走入清幽宁静的溪谷中，不知不觉往上游走去，这就是溯溪的开始。

2. 以地域研究为主的溯溪

以地域研究为主的溯溪也是溯溪运动的一种方式。如调查某山区的所有溪流并综合考察其棱脉、溪谷、岩壁、步道以及动植物、人文生态等资源，发现这种溪谷都未曾开发而无任何资料可供参考，这时就需要动员大量人员，长年累月利用假期逐一探测才能完成。

3. 完全溯溪

这种溯溪方式就是克服一切岩壁峡嶂，穿越无数急流深潭，再蜿蜒登顶，然后依山径路线而下。

4. 漫无目的的溯溪

漫无目的的溯溪具有较强的休闲娱乐性，是目前国内最盛行的一种溯溪方式。兴趣相投的朋友可组成小队伍，结伴溯溪，尽兴而止，自由随意。这种溯溪方式成为国内众多户外运动俱乐部开设的运动项目之一，开展较为广泛。

(二)溯溪的器材装备

溯溪属于登山运动的一种,因此该运动也需要登山的器材装备。除此之外,该运动还需要配备一些溯溪专用物品,如安全头盔、溯溪鞋、救生衣、护腿、防水衣物、手套等。

1. 技术装备

(1)安全头盔:避免落石或跌倒时可能的碰撞,保护攀登者头部的安全。

(2)主绳:9~11米,防水,拉力为2 000~3 000千克,攀登用。

(3)安全带:攀登者穿在身上,由铁锁等与主绳相连,起保护作用。

(4)铁锁:用于连接各种绳索、安全带及攀登器械,使用简便、容易。

(5)上升器:用于向上攀登的器械。

(6)下降器:用于从上方下降到下方的器械。

(7)水镜:可保护攀登者眼睛。

2. 个人装备

(1)溯溪鞋:这种鞋是用于垂钓的防滑鞋,鞋底摩擦力大,在湿滑的岩石上走特别方便。这种溯溪鞋在国内很难买到,但手工编织的草鞋也可做防滑鞋。

(2)防水衣物:其主要以轻便、透气性良好、易干燥的尼龙面料为宜。

(3)护腿:使用护腿可防止蚂蟥等的叮咬。

(4)保暖衣物和露宿帐篷、炊具、食品等,视日程的安排而有选择性地携带,物资装备的准备以轻便、负重不宜过大为准则,帐篷可以携带外帐。另外,溯溪者还可自带渔具等,在露营时享受垂钓带来的乐趣。

在溯溪运动中,由于所用器材装备常常受到水的浸泡,因此所带的装备需要妥善打包,一应物品最好用塑料袋包好以后再放入背包,尽量使背包的体积最小。

三、安全准备与注意事项

(一)安全准备

在溯溪运动中,做好充分的安全防护措施是溯溪者应重视的方面。

(1)选择溪流:溯溪者应根据溯行的目的选择郊山、中级山或高山溪流。

(2)查阅资料:由等高线图可判断溪谷地形,选择行进路线,紧急撤退路线以及临近登山路径、宿营、交通等资料,以备回程时使用。

(3)决定路线:溯溪运动需要制定溯行路线、下山路线、预备路线(紧急撤退或替代用)三种路线。

(4)队伍的组成:溯溪者不论是新手或老手,均不宜单独冒险溯行,原则上新手不宜超过全队 1/3,一般溯溪探险以 5~7 人为宜,稍具难度的溪流可 10 人,大众化溪谷可多至 20 人左右。若人数过多,不但溯行时间会拖延,照顾不易反而不便。

(5)职务分配:依溯溪队员的专长如绘图、泳渡、攀岩、记录等分配职务。

(6)装备的调整:依照溯行路线、人员、季节等调整。

(7)食粮采购:根据一般粮、行动粮、预备粮进行调配,以精简、轻量为原则,重质不重量。

(8)交通:溯溪者应尽量避免采用骑自行车和开车等方式,而最好采用租车、起始点接送的方式,可节省体力和精神上的负担。

(9)寻找溯行路线:溯溪者在遇困难地形时,应谨慎选择可行路线前进,主支流路线的选择,可借助地图、指南针与高度计来断定。高绕路线应选坡度小、植被良好、岩壁稳定之处绕行。并应注意上方踢落的石块,慎防隐藏在林间、石缝中的蜂、蛇等。

(10)紧急联络措施:在溯溪前,溯溪者应将紧急撤退方案及联络方式等详细资料备份留给留守人员。

(二)注意事项

溯溪运动要求溯溪者除掌握一些基本的安全注意事项之外,还应掌握诸如溯溪前的准备计划、体力、天气、意外事件处理等事项。

1. 基本安全注意事项

(1)横渡溪流:选择横渡地点及横渡方式,可利用跳跃岩石、游泳、辅绳、木杖或数人互助同时渡河。

(2)暖身操:溯溪运动是一种全身活动,为避免伤害事故的发生,溯行前的暖身是必要的。颈、肩、手、胸、腹、背、腰、臀、脚等各部位的关节和肌肉都应进行充分伸展。

(3)宿营地点:避免在岩质不稳或易落石地带扎营。在气候不佳时,营地应选择在最高水线以上,以避免山洪暴发,措手不及。

(4)坚持三不原则:不贪快、不摸黑、不做超过本身技术能力的动作是溯溪者应坚持的原则。

2. 其他注意事项

(1)在溯溪运动前应充分做好准备计划,前进路线与临时撤退方案都要让每个溯溪队员了解。

(2)溯溪运动一定要组队结伴,切忌单独进入溪谷中。

(3)溯溪是运动量极大的活动,平时应强化体力及耐力训练。而对于各项溯行技术,如游泳、攀岩、定位等及所需装备器材的使用,都应达到熟练的程度。参加溯溪活动之前,应阅读有关溯溪技术的书籍,学习各项攀登技术。

(4)在溯溪过程中,如果发生意外事件,溯溪者应保持冷静,不可慌乱,应视情况的轻重缓急,决定继续前进或撤退中止活动,将伤害降低至最小的程度。

(5)绝对不可以摸黑赶路,因为溪谷中高低不平,极容易失脚受伤。

(6)在溯溪运动前,应注意查看最近的天气情况。天气转坏时,一定要及早考虑所去溪流及上游地区的天气情况,尤其是南方山区及多雨地区,因为有些时候在上游下一点雨就可能导致山洪暴发,而山洪暴发是溯溪者所面临的最大危险。

(7)对于行进路线的选择,要考虑到溪水上涨的可能,最好能有撤退路线以防万一。

(8)在溯溪过程中,如果发生意外的事故和灾难,可向各地派出所报案请求援助。

(9)在参加溯溪运动时,溺水是极易发生的伤亡事故。为避免溺水事故,溯溪者在涉水过河时,应选择在水最浅(浅于膝盖以下)并且水流平稳之处,避免在急流及瀑布上游处渡河,以免因不慎滑倒,尚来不及爬起或上岸,就已接近危险地区了。若在水较深处渡河,应先架设好保护绳索或手持一根长杆试探水的深浅,小心地慢慢渡过。参加溯溪活动,需要经常进行涉过溪流的训练,最好装备头盔、救生衣及溯溪鞋等专用装备,以提供安全保障。

(10)溯溪过程中应尽量避免湿水。一般峡谷中多阴凉潮湿,湿水以后衣物、鞋子底不易干,容易疲劳,脚久在水中易起水泡,所以非不得已不要湿水是溯溪的基本要诀。

(11)溯溪运动应避免在大雨或暴雨天,以及汛期时在拦水大坝的下游进行。

四、溯溪运动技术

溯溪运动技术不仅要求溯溪者掌握基本的登山、攀岩技能,而且还需要掌握攀登瀑布、涉水泳渡等技术。溯溪的技术主要包括:地图的判读,登山、攀岩技术和溯溪专用技术。

(一)攀登技术

掌握熟练的攀登技术是溯溪者开展溯溪运动的基本要求。攀登技术的基本要领为"三点式"攀登,即在攀登时四肢中的三点固定,使身体保持平衡,另一点向上移动。

(二)溯溪专用技术

溯溪专用技术主要包括穿越乱石、涉水泳渡、横移、爬行高绕、瀑布攀登等。

1. 穿越乱石

穿越乱石技术是溯溪者应掌握的溯溪专用技术之一。峡谷溪流中多滚石岩块,且湿滑难行,在溪流中行走应以踩踏小碎石为主,在小碎石上行走一般不会滑倒。溯溪者在踩踏大石块时,应看准踩踏地点踏稳,并事先想好万一站不稳时的解决办法,以避免因踏上无根岩块跌跤或被急流冲倒受到伤害。

2. 涉水、泳渡

在溯溪运动中,涉水、泳渡也是常用到的技术。涉水或泳渡时,必须清楚地判断水流的缓急、深度,有无暗流,必要时借助于绳索保护技术。在溯溪过程中经常使用绳索横渡过河,涉及一系列的绳网、绳桥技术,这里不作详细介绍。

3. 横移

横移是溯溪遇到瀑布时常采用的一项技术。在岩壁瀑布下有深潭阻路,可尝试由两侧岩壁的岩根横移前进。岩石多湿滑,支点不易掌握,横移时须特别谨慎,有时支点隐藏于水下,此时以脚探测摸索移动,若特别困难,应选择更加简单的涉水或泳渡。

4. 爬行高绕

该技术主要用于其他溯溪技术不能实现的情况。如在遇到瀑布绝壁时,可采取爬行高绕的方式前进。即从侧面较缓的山坡绕过去,高绕时小心在丛林中迷路,同时避免偏离原路线过远,并确认好原溪流。

5. 攀登瀑布

在溯溪运动中,攀登瀑布技术是最刺激和难度最大的一项技术。攀登前必须事先观察好路线,熟记支点,要充分考虑好进退两难时的解决办法。瀑布主体水流湍急,但苔藓少,有时反而容易攀登。瀑布攀登虽然刺激,但是难度较大,对溯溪者的经验和技术要求较高,因此,不具备娴熟技术经验的溯溪者或初学者均不适宜采用这种技术。

第五节　溪降

一、溪降运动概述

近几年,溪降运动作为一种户外休闲运动逐渐兴起,其在阿尔卑斯地区较为盛行。溪降即进入峡谷溪流中去体验大自然。溪降运动由现代登山运动演化而来,它与其他户外运动相比,更富刺激性和挑战性,因此对溪降者的技术和身心素质要求较高。

在我国,较适合开展溪降运动的地区是以丘陵和山地为主的南部地区,这里溪涧和瀑布分布甚广,因此是开展溪降运动的极佳之地。溪降运动自20世纪90年代末在我国开始流行,经过近几年的发展,溪降爱好者的队伍不断发展壮大。而在原本不太具备条件的北方地区,也或多或少地尝试开展这项运动。

溪降运动与溯溪运动的方向相反,它自上游向下游展开,顺瀑布主体沿绳索下降,或顺水滑降。溪降运动具有较强的休闲娱乐性,是一项适合于普遍开展的大众户外休闲运动,尤其适合青年溪降爱好者参与。

二、溪降运动的装备与注意事项

（一）溪降运动的装备

在溪降运动中，往往存在一定的危险因素，因此需要溪降者配备专业的登山装备，尽量减少意外的伤害。原则上其装备是登山装备，以及攀岩器材和水上设备，再予以防水处理。

（1）专业溪降静力绳：瀑布溪降应选择长度 50～150 米、直径 9～12 毫米的溪降专业绳，专业绳由合成纤维制成，具有防水防冻功能，并获得国际（UIAA）认证。

（2）下降器、"8"字环：通常用双绳下降，但制动手不能离开绳子；如果是单绳，则绕法有所不同。

（3）上升器：在攀登过程中，用于向上攀登使用，也起保护作用。

（4）安全头盔：可用轻便的攀岩头盔，当在瀑布里失去平衡或有落石时，保护头部以免受到伤害。

（5）安全带：穿在身上，由铁锁等与主绳相连，起保护作用。溪降的专用安全带后面有一个座，用一般攀岩或登山安全带也可以，但应使用获得国际质量认证的座式登山安全带。

（6）铁锁：用于连接各种绳索、安全带及其他器械。

（7）SRT：在没有溺水危险的情况下，用直径 9～12 毫米单绳下降，里面有两个小滑轮，把绳子绕在上面，松手即停，可以腾出两手应付紧急事件。

（8）溯溪鞋：防滑设计的溯溪鞋、草鞋或运动鞋，另外有防滑底的运动凉鞋也是一个不错的选择，以防被岩石擦伤脚趾。

（9）着装：以伸缩性大的运动裤或游泳衣裤为主。

（10）手套和护腿：护腿分长筒和短筒两种，长筒除护小腿外还可护膝。在瀑布溪降中，有时很难保持平衡，身体经常被瀑布冲击撞向岩壁，有它们的保护，可以避免擦伤。

（二）溪降运动的注意事项

在溪降运动中，溪降者需要注意以下几个方面。

（1）溪降者在溪降前应仔细观察路线，然后确定溪降的路线，注意可能遇到的问题，并考虑好解决的方法。

（2）参加溪降的人员必须具备游泳技能。

（3）溪降前，溪降者必须将溪降所用的保护绳设置好，保护绳的上方固定支点必须是两个。保护装置必须牢固。

（4）在溪降的练习过程中，溪降者必须经常检查支点的牢固性和所系绳结是否有松动及绳子的磨损情况。

（5）保护者必须做好自身的安全保护，经常检查连接自身的固定支点的牢固性和绳子、绳结的情况及安全带的情况等。

（6）保护者必须认真观察练习者溪降的整个过程，及时放绳，及早发现问题及时进行保护。

（7）在溪降练习前，溪降者必须检查安全带穿戴是否正确。检查包括：安全带主带是否在髂骨上方；安全带主带是否系紧；安全带主带是否反扣；连接保护绳的主锁丝扣是否拧紧锁好等。

（8）溪降时，溪降者应注意手脚的配合及保持身体的平衡。

（9）溪降必须戴安全帽进行。溪降时头脑要始终保持清醒，遇到意外一定要镇静。

（10）溪降者在下降过程中，应注意岩石、陡坡、裂缝、水流的冲击等。

（11）溪降者应避免在暴雨天开展溪降活动。

三、溪降运动的技术与方法

（一）溪降运动技术

1. 溪降运动基本技术

（1）下降器下降

下降者在腰部系好安全带，挂好铁锁，再将下降器和铁锁连接，左手握下降器，右手在胯后紧握从下降器穿绕出来的主绳。面向岩壁，两腿分开约成 60°～80°，蹬住崖壁，身体后倾，便可开始下降。如果是悬空状态，脚自然分开、悬垂，身体靠向绳子。

（2）单环结下降

如果没有下降器，溪降者可采用以铁锁和单环结的连接代替下降器下降的方法进行溪降。这种下降方法和动作要领与下降器下降法相同。

（3）缘绳下降

在坡度近于 90°时，可采用缘绳下降法。此方法简单易学，只要有一条主绳就可进行下降操作。将主绳一端在陡壁上方固定，另一端扔至崖下，下降者在绳上打好抓结，并与腰部安全带上的铁锁连接。抓结到连接处的距离不能过长，也不能过短，以臂伸开能抓住抓结为限。下降者面向固定点，两腿分开站到崖棱时一定要拉紧主绳,并握住抓结,方可开始下降。

2. 溪降运动技术要求

(1)溪降者应学习正确使用攀登的保护装备,其主要包括安全帽、安全带、下降器、上升器、铁锁等。

(2)按顺序,沿拉紧的保护绳,登至下降处等候。

(3)由保护教练在下降处做绳索保护,并再次确认方可下降。

(4)在熟练掌握了下降的技术动作后,可选择适宜的着脚点做跳跃动作,并在接近瀑底时,解开保护绳索,轻松跃入潭中,充分体验溪降的乐趣和惊险。

(二)溪降运动方法

溪降运动主要包括下降法、滑降法、悬崖跳水法三种。其具体方法如下。

1. 下降法

在溪降运动中,下降法是最常用的一种技术,它是利用下降器进行的瀑布下降。沿瀑布下降时,由于瀑布主体水流急、流量大,一般应避免主流而选择水流较小的路线。绳索则选用防水登山绳,下降时因绳子湿,操作不如干绳便利。沿瀑布下降时一定要小心谨慎,控制下滑速度。

2. 滑降法

滑降法也是溪降运动中常采用的一种重要方法。由于水流的长期冲刷,岩面往往是自然光滑的,顺水滑降就是利用这种光滑岩面来进行的,滑降者可以利用这个方法快速下滑。滑降有两种方法:仰身滑水和匍匐头向下游坐"飞机"。仰身滑水时两臂侧直并于体侧,抬头,身体呈直线,或两腿直并拢,呈坐式,上体稍后仰;匍匐滑水时两臂前平伸,抬头目视前方,入水时要低头,当身体几乎全部没水后再抬头钻出水面。

溪降者在滑降时,应选择较平滑的地形,切忌在有突出明显的尖棱角岩块上滑行,同时,滑降面坡度不宜太大,下方边缘距潭不宜过高。

3. 悬崖跳水法

悬崖跳水又称为"跳冰棍儿",一般采用脚朝下的直体跳水方法。起跳前身体要平稳,同时两臂屈于胸前、两肘紧夹身体两侧,一手捏住鼻子,以防入水时灌水。跃出的距离视悬崖的具体情况而定,一般距离崖壁2米左右,要避免碰撞岩壁,且落水方向为潭水最深处,身体在空中垂直并保持平衡,入水时一条腿微前伸,另一只脚则微上抬屈膝,这样能缓冲下降速度。从心理上说,要沉着、稳定、果断,同时需要有足够的勇气和胆量。

溪降者在选择跳水悬崖时,应事先探测好悬崖的高度和崖下潭水的深度。有经验的溪降者,在跳水过程中可采用空中团身旋转动作,初学者和没有掌握跳水技能的溪降者应禁止空翻和头朝下"扎猛子",以避免跳水过程中受伤。

第八章　户外拓展训练项目实践

户外拓展项目主要包括破冰类项目、沟通类项目、团队类项目、领导类项目、空中挑战类项目。本章重点对这几类项目的具体训练进行阐述。

第一节　破冰类项目实践

"破冰"一词源于冰山理论,具体是将人比作冰山,将人的意识比作冰山的一角,"破冰"就是通过把人的注意力集中,使团队之间打破相互之间的怀疑、猜忌、疏远,使队友之间增进了解、拉近距离、乐于交往。

现重点介绍以下几种破冰类拓展项目。

一、面对面介绍

项目介绍:所有参与者围成两个同心圆,相对站立,向对面的同伴介绍自己。

项目人数:20人以上。

项目时间:15分钟。

场地器材:一块平整的场地。

项目目标:打破人际隔阂,使参与者学会相互熟悉并迅速融入集体。

项目过程:

(1)所有参与者相对排成两个同心圆,一边唱歌一边转,内圆和外圆的旋转方向相反。

(2)每在一首歌的结束时停止转动,面对面的人彼此握手寒暄并相互自我介绍。反复进行唱歌旋转和自我介绍。

注意事项:在学生进行游戏的过程中,教师要留意他们之间的空隙,避免拥挤、踩踏等伤害事故的发生。

拓展思考：

(1)怎样出色地介绍自己？

(2)在同伴介绍时，如何更好地倾听？

二、大树与松鼠

项目介绍：团队破冰。

项目人数：10人以上。

项目时间：5～10分钟。

场地器材：一块平整的场地。

项目目标：活跃团队气氛。

项目过程：

(1)事先将参与者进行分组，3人一组，在每个小组内部选两人扮"大树"并相互伸出双手搭成一个圆圈形成"树洞"，另一个同伴扮演松鼠并站在"树洞"中间，设若干学生担任自由人。

(2)当教师喊"松鼠"时，"大树"不动，"松鼠"必须离开"大树"，重新选择其他的"大树"；自由人成为"松鼠"也趁机寻找"大树"，最后没有找到"大树"的"松鼠"表演节目。

(3)当教师喊"大树"时，"松鼠"不动，"大树"拆分后再重新组合并圈住某个"松鼠"，自由人临时组合扮演"大树"，最后没有组成"大树"的人表演节目。

(4)当教师喊"地震"时，所有人打散自由组合成"大树"或"松鼠"，最后落单的人表演节目。

注意事项：提醒学生注意跑动中的安全，避免受伤。

拓展思考：如何更好地熟悉同伴的动向和行动风格？

三、大胆叫出来

项目介绍：团队破冰，训练幽默乐观精神。

项目人数：不限。

项目时间：不限。

场地器材：室内外均可。

项目目标：训练学生乐观的情绪。

项目过程：所有参与者学动物园里动物的叫声，依据表8-1选择学的动物是什么。游戏过程中，每个学生选择一个尽量不熟悉的人作为伙伴。然后彼此对视,目光不能转移,对视过程中嘴大声学动物叫,至少 10 秒。一轮结束后,轮换继续进行。

表 8-1 "大胆叫出来"项目学习对象选择

姓氏汉语拼音的第一字母	学习的动物名称
A—F	狮子
G—L	海豹
M—R	猩猩
S—Z	热带鸟

注意事项:无。

拓展思考:

(1)怎样缓解游戏中的尴尬气氛?

(2)是否注意到好玩和幽默的情绪会更有助于创造性地发挥,如以出人意外的叫声获得满堂喝彩。

(3)乐观的情绪是创造力的催化剂。任何时候都应保持乐观和向上。

四、我是记者

项目介绍:团队破冰。

项目人数:不限。

项目时间:15 分钟。

场地器材:室内外均可;纸和笔。

项目目标:训练学生的表达技巧。

项目过程:

(1)参与者尽量选择自己不太熟悉的人作为搭档,并以记者的身份对这位搭档进行参访。采访的内容和形式都由自己定,时间为 3 分钟。要求在 3 分钟内尽可能多地获取信息并做记录,然后互换角色。

(2)完成采访后,每位学生把采访获得的信息进行整理后作 1 分钟的"报道",争取把采访对象以最佳的表达方法介绍给大家。

(3)时间由教师掌握,如果学生人数较多,则用抽讲的形式进行演讲。

注意事项:让学生选最不熟悉的人作为采访对象。

拓展思考:如何更好地收集信息、组织信息。

五、信任之旅

项目介绍:这是一个个人挑战与团队相结合的项目。

项目人数:不限。

项目时间:不限。

场地器材:适合活动的室外场地一块,适用于跨过、绕过、钻过不同障碍的场地一块,准备和人数相等的眼罩和 A4 白纸。

项目目标:

(1)培养团队成员的沟通能力,提高沟通技巧。

(2)感受互相帮助与关爱。

(3)体验信任对于我们完成任务的作用。

项目过程:

(1)教师介绍项目名称和项目的各项要求。

(2)选定一名学生做引导员,一名安全记录员,其余学生全体戴上眼罩。

(3)戴上眼罩之后,全体盲人学生在 2 分钟内,不发出任何声音,在原地利用手上的一张 A4 白纸折叠一个最能代表你手工能力的作品,这个时段由安全记录员负责监督。

(4)利用 2 分钟时间带领引导员迅速对穿越路径进行一次探路活动,并简单告知易出危险之处。

(5)收集手工作品,并由记录员记录它的主人,然后旅程开始。

(6)全体学生在开始时有 3 分钟时间可以讲话,此后直到完成任务盲人不得发出任何声音。

(7)盲人依次牵手(或双手搭在前一位学生肩上)前行,拓展教师叫停时全体学生必须立刻在原地停做动作。

注意事项:

(1)活动中注意安全,严格按照规则进行挑战,不得摘下眼罩,不得在禁声期讲话,否则将受处罚。

(2)要求道路地面平整,障碍物设置明显,不要设置尖锐的障碍物。

(3)学员戴上眼罩后不要随意移动。

(4)引导员严禁有意加大难度或开玩笑。

(5)提醒学员摘下眼罩时先闭一会再慢慢睁开眼睛。

拓展思考:

(1)关于沟通,我们采取了什么办法?那 3 分钟是怎样运用的?

(2)互相信任对于完成活动有什么重要意义?

第二节　沟通类项目实践

沟通是人与人之间、人与群体之间思想与感情的传递和反馈过程,是人际交流的重要工具,包括语言(口头语言、书面语言)沟通和非语言(声音、语气、肢体动作)沟通。在日常生活中,沟通最有效的方式是语言沟通和非语言沟通的结合。良好的沟通能力是大学生提高个人为人处事能力和个人魅力的基础。通过拓展训练可以培养大学生的沟通能力,如理性交流、悉心倾听、善于提问、敢于认错等。

现重点介绍以下几种沟通类拓展项目。

一、孤岛求生

项目介绍:企业管理的经典项目之一,模拟孤岛环境,使人引以为戒,扬长避短,正确对待生活。

项目人数:9～18 人。

项目时间:100 分钟。

场地器材:场地平坦;60 厘米×60 厘米×25 厘米的木质方箱 12 个左右、1 个 25 厘米×25 厘米木箱、2 块木板(要求无裂缝,木板横向叠放在盲人岛上)、羽毛球 5 个左右、1 个塑料桶、任务书 1 套、白纸 2 张、生鸡蛋 2 个、筷子 2 双、一段 50 厘米透明胶带缠在筷子上、1 支笔、(N/3+1)个眼罩(N 为参训人数)。

项目目标:

(1)训练不同层级、部门、角色等人员之间的有效沟通和换位思考。

(2)训练学生的领导艺术与领导能力。

(3)培养学生的创新意识与风险意识。

(4)培养学生的时间管理能力与 20/80 法则。

(5)加强同伴之间的信任与合作。

项目过程:

(1)项目布置:

①将所有参与者随机分成 3 组,男女搭配分开,可进行针对性的微观调整。尽量将团队中人员的职业角色与岛上角色互换。

②用箱子分别组成哑人岛、珍珠岛、盲人岛。哑人岛、珍珠岛相对大

一些。

③先将一组人(不少于 3 人)带至哑人岛,尽量安排一个力气大的男学员。讲明规定:哑人岛的人都不能说话,这里的任何人不许从嘴里发出任何声音,如果有违规者将进行"惩罚"或取消资格。

④将另一组人带至珍珠岛。

⑤将最后一组人带至盲人岛,盲人岛上的人均戴上眼罩。

⑥将珍珠岛任务书、鸡蛋、笔、白纸、筷子与胶带发给珍珠岛上远离其他岛方向的学生。

⑦将任务书交给哑人岛任一人,最后将盲人岛任务书悄悄塞到一名学员手里,并且将羽毛球分发给不同学员。

⑧项目开始,限时 40 分钟。

(2)项目控制:

①严格按照项目规则进行,如发现盲人摘眼罩,哑人说话时应立即制止,并警告或进行处罚。

②哑人在盲人未投进球前不得挪动木板,否则算违例,应给予警告或进行处罚。

③如学生隔岛传递或两岛之间传看任务书应立即制止,并警告或进行处罚。

④如果项目时间过去大半仍无人下岛,建议学生反复、认真研读任务书。

⑤项目开始阶段如有人无意落水,可假装没看见,时间过半可以利用学员偶然落水的机会将其带至盲人岛。

⑥除盲人外其他任何人不得触球,盲人长时间无法扔进球可将桶挪近。

⑦除哑人外其他任何人不得搭放木板,哑人特别努力但木板的一端仍轻微着地时可以不将木板拖至盲人岛。

(3)项目总结:

①安排同一个岛上学生彼此谈谈自己的感受。

②引导学生在确认完成任务的程序后,分析一下影响顺利完成任务的问题出现在哪里。

③引导学生比较分析三个岛各代表高层、中层、基层的哪一个层级,并阐述理由。

④组织学生讨论哑人岛上的人怎样才能做好"上传下达"的工作,从而使学生认识沟通方式、沟通对象、沟通时机的选择的重要性。

⑤组织学生讨论珍珠岛上的人如何选择任务,和学员分享"猴子跳到谁的身上"与"县长的大小事",分析紧急与重要的事情与不同层级人员关系,使用"时间象限图"与学员探讨。

⑥组织学生讨论盲人岛上的人怎么才能积极主动地完成任务。

⑦引导学生突破语言与文字的误区,突破常规思维,培养学生通观全局的"粗读"与"精读"的习惯。

⑧和学生分析杰克·韦尔奇关于三个层级的"梯子的比喻"。

注意事项:

(1)教师应重点注意监控盲人岛上的学员,及时提醒他们在等待救援的同时注意自己在岛上的位置,不要掉下去。

(2)教师应严密监控盲人向其他岛的移动,可跟随其一起移动,在其移动过程中保护其安全,可张开手臂做出保护姿势,防止其从木板上掉下来,手臂应与学生身体保持适当的距离。

(3)一个岛上集中人数较多时,尽量将盲人安置在岛的中间部分。

(4)提醒盲人在摘眼罩时要先闭眼,再慢慢睁开眼。

(5)哑人运用杠杆原理搭板时,注意不要压伤自己的手指和同伴的脚,注意木板的稳定性。

(6)岛上人数较多时提醒学生注意相互保护,避免有人掉下去。

拓展思考:

(1)就彼此的信任与全局观展开讨论。

(2)认识层级管理分析的问题。

(3)简单的物理定律的运用能力说明了什么?

二、蜘蛛网

项目介绍:该项目将幻想和挑战完美地融合到一起,是创建团队、培养团队合作精神、培养领导才能、锻炼沟通能力、锻炼处理冲突技巧的优秀项目。

项目人数:不限,人数较多时可分组进行,每组 8~12 人。

项目时间:1 小时以上。

场地器材:两棵结实的大树(用来支撑蜘蛛网)、尼龙绳或其他类似的绳子(用来编织蜘蛛网)、8 个螺栓或几节电线或几小节绳子(用来把蜘蛛网固定在树上)、蒙眼布若干(将被蜘蛛咬着的人的眼睛蒙上)、小铃铛若干(用来做警报器)、大橡胶蜘蛛(制造紧张气氛)。

项目目标:

(1)培养学生进行团队合作的精神。

(2)增进学生之间的沟通与交流。

(3)培养学生在协同工作的过程中解决问题的能力。

(4)培养学生完成看似难以完成的任务,增加学生自信心。

项目过程：

(1)项目设置。

①用螺栓或绳子在两棵树上各做 4 个固定点,最低固定点距离地面约 20 厘米,固定点之间的间距为 70 厘米。

②利用固定点测量编织蜘蛛网边框所需尼龙绳的长度。尼龙绳的长度＝(两棵树的间距＋最高固定点与最低固定点之间的距离)×2,在尼龙绳上每隔 10~15 厘米打一个结以避免绳子的滑动。

③用打好结的尼龙绳编织边框。具体做法:从树 1 开始,把尼龙绳的一端系在树 1 的最低固定点上;用绳子由下至上穿过树 1 的其他 3 个固定点,到达最高固定点;把绳子从树 1 的最高固定点拉到树 2 的最高固定点;用绳子从上到下穿过树 2 的 4 个固定点,到达最低固定点;把绳子从树 2 的最低固定点拉回到树 1 的最低固定点;绳子的剩余部分固定在树 1 的最低固定点上。

④编织蜘蛛网。具体做法:从边框的一个角落开始,模拟蜘蛛网编成一张网。注意网洞应使队员能够顺利钻过。

⑤在编好的蜘蛛网上放上一只橡胶蜘蛛和一个小铃铛。橡胶蜘蛛可以烘托气氛,小铃铛可以充当警报器提示有人触网。

(2)项目控制。

①将学生分成若干个由 8~12 个人组成的小组。

②教师致游戏开场白:“你们小组在一片原始森林中迷失,而终于找到的一条走出森林的唯一出路被一个巨大的蜘蛛网封锁了,所有人必须从蜘蛛网中钻过去。这时蜘蛛正在睡觉,但很容易被惊醒。因此,在穿越蜘蛛网的过程中一旦有人碰到蜘蛛网,就会惊醒蜘蛛被蜘蛛咬伤,结果是正在穿越的人和已经过去的人会立刻双目失明。另外,蜘蛛网的每一个网洞都只能用一次,否则第二次通过的人就会惊醒蜘蛛,因此,所有人必须从不同的网洞穿越过去。”

③如果有多个小组参加游戏,各小组可相互做监护员,观察其他小组的游戏情况。

④等所有小组都做完游戏之后,引导学生就团队合作、沟通、冲突和领导等问题展开讨论。

注意事项:确保学生在游戏中的安全,避免学生从网洞中跌落。

拓展思考:

(1)在游戏过程中碰到了什么问题? 如何解决的?

(2)游戏过程中是否进行了充分的沟通,明确各自的任务?

(3)游戏过程中有无冲突产生? 如何处理冲突的?

三、跨越雷区

项目介绍:学生戴上眼罩,依次在"幸运组员"的语言指导下,通过雷区。

项目人数:10 人以下为一组。

项目时间:50 分钟。

场地器材:一片空地;大号塑料杯 3 个,A4 白纸数张,桌子,每组一块 30 厘米×30 厘米的纸板,每人一个眼罩。

项目目标:丰富学生的沟通方式,提高学生的沟通技巧。

项目过程:

(1)项目布置。

①教师用白纸在场地中设置障碍。

②在游戏区中间放置一张桌子,桌子上放置一个杯塔(底部的杯子正放,第二个杯子倒放,第三个杯子盛水放在第二个杯子上。

③每组选一位"幸运组员"在雷区的另一边指导同伴跨越雷区。

④每组中除"幸运组员"外的其他组员必须蒙上眼睛,依次通过雷区。

⑤每组的全部组员通过雷区时,要将小组的纸板放在杯塔上,如果杯塔不倒则视为完成任务。

⑥踏中雷区(杯塔倒掉)的学生视为"死亡",应退出游戏,在旁边观看。

⑦顺利通过雷区的组员可解下眼罩,参与指导其他组员通过雷区。

(2)项目总结。

①使学生克服心理恐惧,在失去视觉线索的情况下,尽量做到不慌乱,在他人的指导语下使动作与指导语协调一致。

②先通过雷区者往往会付出更多的代价,但也会得到最宝贵的经验。

③指导"幸运组员"和蒙眼组员进行有效的信息交流。

④多人的指导往往会导致混乱,因此需要有核心人物控制场面并为同伴提供冷静的指导。

注意事项:注意学生在戴着眼罩通过雷区时的身体安全。

拓展思考:

(1)游戏过程中,如何更好地和蒙眼组员进行信息交流?

(2)蒙眼组员在游戏中的感受是怎样的?

(3)可以用什么方法来改进不同人之间的沟通?

四、驿站传书

项目介绍:按照规则要求,学生纵队依次传递一组信息。

项目人数:10～15 人一组。

项目时间:90 分钟。

场地器材:教室;纸、笔、秒表。

项目目标:使学生感受团队信息高保真传递的方法,感受团队创新的必要性和重要性。

项目过程:

(1)项目布置。

宣布规则:不准说话;不许回头;后面人的身体不准超过前面队友的横截面;教师的指令不容置疑;教师可随时增加新规则,新规则即时生效。

(2)项目控制。

教师将每轮给一组数字,每组必须按照规则要求将数字信息从末尾传至排头,看哪组速度最快、最准确。共进行 5 局,每局结束后休息讨论 3 分钟,每局开始前教师根据情况增加新规则,然后每组有 3 分钟的讨论时间。

注意事项:注意学生不要违规,避免伤害事故发生,注意调控游戏氛围。

拓展思考:

(1)游戏中,P(计划)D(实施)C(检查)A(改善行动)是如何体现的?

(2)游戏中,团队有没有创新? 创新是否违反游戏规则?

(3)本团队的优点和缺点是什么?

(4)不被禁止的就是允许的。怎样在不规范甚至混乱的情况下,研究规则、利用规则,出奇制胜?

(5)团队信息的传递必须有一个准确的发送—接收—解码—编码—再发送—再接收的过程。任何过程都不能出错,因此信息需要及时回馈和确认。

第三节　团队类项目实践

团队合作可以调动所有成员的资源和才智,发挥集体的巨大潜力。大学生参与团队合作项目,能有效地提高协作能力,使大学生在明确个人及团队所负担的责任的前提下,向着集体的共同目标努力。

现重点介绍以下几种团队类拓展项目。

一、众志成城

项目介绍:团队合作项目。

项目人数:20人以上。

项目时间:20～40分钟。

场地器材:一块平整的场地;数张泡沫拼图。

项目目标:使学生体会合作的重要性,体会个人在团队中履行职责的重要性。

项目过程:

(1)将全体学生进行分组。

(2)在地上铺若干块1平方米的泡沫拼图,请各组成员分别站在各组的泡沫拼图上,站立方式不限,但任何人的脚都不可以踏在泡沫拼图外。若有成员被挤出拼图外,则该组被淘汰。

(3)逐次减少泡沫拼图,再请各组成员分别站在各组的拼图上,淘汰方式同上。直到淘汰至最后一组时结束。最后一组获胜。

注意事项:教师要随时保护学生的安全,避免学生受伤;必要时可男女分组进行。

拓展思考:要想使团体获得成功就必须合作。每个人在团体中都有一定的重要性,合作可以取长补短,发挥团体的最大优势。

二、信任背摔

项目介绍:团队合作项目。

项目人数:12～16人。

项目时间:40分钟。

场地器材:一块平整的场地;一个1.5～2米高的背摔台。

项目目标:

(1)培养团队成员的互相信任、互相帮助。

(2)培养学生挑战自我的勇气。

(3)培养学生换位思考的意识。

(4)使学生通过挑战理解合理突破本能的意义。

(5)使学生感悟制度的制订与保障对完成任务的价值。

图 8-1

项目过程：

(1)在项目开始前,每一个同学都必须将身上的所有硬物摘下拿出,放到指定的安全区域。

(2)背摔(后倒)前,接受队训,练习绑手、对位、试压以及搭人床。

(3)每一个学生轮流站在背摔台上,按照要求后倒,其他所有队友将其接住。

注意事项：

(1)有严重外伤病史,以及有严重心、脑血管及精神病、高度近视的人禁止参加此项目。

(2)教师在背摔同学准备背摔前,应试压接人学员双臂,并强调每一个人手臂位置的重要。

(3)背摔学生在上背摔台后倒时应靠护栏站立。

(4)接人学生由背摔台向外按弱、较强、强、强、较强、弱来排列,3、4 组安排男士,手臂保持水平或渐高。

(5)学生背摔时,教师应以一手拉住护栏,紧贴学员的手握住背摔绳随着学员重心移动,保持学员的后倒方向,适时松开。

(6)学生背摔时,应避免头和肩先落,尽量保持身体平稳。

(7)注意将人安全放到地上,背摔学生倒下被接住后,教师下蹲控制挑战学员的脚;学生落地站起时防止头前冲,碰到背摔台。

拓展思考:信任同伴非常重要。

三、平结绳圈

项目介绍:团队协作项目。

项目人数:不限。

项目时间:30分钟。

场地器材:一块平整的场地;长短不一的绳子若干条。

项目目标:

(1)培养学生团队协作的精神和挑战自我极限的能力。

(2)培养学生的创新精神。

项目过程:

(1)第一阶段。

①教师教会学生用绳子打平结(绳子的活结打法,节点可以任意伸缩)的方法。

②学生利用平结打成一绳圈,放在地上,本组所有的学生都将脚放在绳圈之内。

③教师提醒学生本组所有人的脚是否都在绳圈内。

④教师说"开始换位",学生全部离开自己的绳圈并到其他的绳圈之内。进行三次。

⑤从第四次开始,逐渐减少绳圈的数量,每次减少一个,教师都要提醒学生本组所有人的脚是否都在绳圈内(可能是几个人同时挤在同一个绳圈里)。

⑥只剩下一个绳圈时,所有人都站在一个绳圈里,不断缩小圆圈,直到所有人都紧紧挤在一起。

(2)第二阶段。

①教师逐渐将绳圈缩小至极限范围,并不断询问所有人有没有信心挑战极限。学生在挑战极限的过程中会不断寻求新的方法来挑战极限,这时往往会出现一些意想不到的结果。

②在学生不断地进行挑战的过程中,教师要注意把握场上气氛,及时加以引导。如果学生没有办法解决问题时,教师应视情况公布解决方法。如所有学生可以坐在地上将脚放在绳圈内,这完全符合游戏"脚在绳圈之内"的规则。

注意事项:教师应注意保护学生的安全,避免学生摔倒或挤压,以免造成损伤事故。

拓展思考:游戏中有没有创新,有没有全力合作? 效果如何?

四、全体离地

项目介绍:团队成员在规定时间内,搭建竹架并同时离开地面。

项目人数:每组 12 人。

项目时间:20 分钟。

场地器材:一块平整的场地;若干条粗竹子,若干条小白绳。

项目目标:

(1)提高学生的团队协作能力。

(2)让学生体会在团队接到任务后,如何进行计划、分派工作、沟通及合作,并提高执行能力。

项目过程:

(1)教师将学生进行分组,每组 12 人。

(2)教师分发器材,每组 9 条粗竹子和 9 条小白绳。

(3)要求小组必须在 20 分钟内建起一个架构,该架构必须能使全体的组员都同时离地 3 分钟。

注意事项:教师应注意保护学生的安全,避免产生损伤事故。

拓展思考:

(1)怎样开始行动的,有没有进行头脑风暴来收集建议?

(2)游戏过程中是否每位组员都参与了? 成员对所执行的任务是否清楚?

(3)集体的配合中出现了什么现象,怎样改进?

五、建设大桥

项目介绍:团队协作项目。

项目人数:3～5 人一组。

项目时间:30 分钟。

场地器材:室内;纸、剪刀、胶布等建桥材料。

项目目标:

(1)让学生认识到团队成功的影响因素主要有哪些,使学生体会团队成员之间的相互扶持和鼓励的重要性。

(2)团队是由不同的人组成的,让学生体会团队分工的重要性,即应把合适的人用在合适的岗位上,充分发挥个体的特长和优势。

(3)培养学生的创新能力。

项目过程：

（1）教师将所有参与者进行分组。

（2）每组参与者抽签决定本组的"任务计分纸"。

（3）各个小组按本组计分纸上的点数决定可选取的基本物资的数量，每一点可选一项物资。

（4）小组成员合作设计一条不低于1米，宽不小于0.2米，高大于0.15米的桥面并完成搭建。设计应突出本组特色并为其命名。

（5）建桥工作必须在30分钟内完成。

（6）将各组的桥面相连，测试过山车是否能安全地从桥面上顺利通过。

拓展思考：

（1）讨论什么样的设计最有新意？

（2）本组的设计灵感和初衷是什么？

（3）设计大桥的过程中，本组的成员是如何进行分工的？有没有各逞所能，各显神通？

（4）游戏结束，会发现有的组建的桥漂亮但华而不实；有的组建的桥没有华丽的外表但结实。这体现了两种不同集体的处事态度，把功夫做在表面重要还是做在内在重要？如何正确处理外表与内在的关系？

第四节　领导类项目实践

领导能力是指领导者率领部属开展工作、推动工作和完成工作的能力。具体来说，领导能力包括管人的能力、影响人的能力、说教能力和身教能力。参与领导类项目实践，能提高学生号召大家一起行动的能力，使学生在行动过程中获得别人的支持与配合，促进其领导能力的发展。

现重点介绍以下几种领导类拓展项目。

一、齐眉棍

项目介绍：小组成员并排或相对站立，用双手托起塑料棍，使塑料棍从眉头开始完全水平地向下移动。

项目人数：10人以上。

项目时间：30~40分钟。

场地器材：一块平整的空地；2~3米的轻质塑料棍。

项目目标：培养学生的领导能力，建立团队默契，加强团队之间的沟通。

项目过程：

（1）准备一根可伸缩的轻质塑料棍。

（2）成员站成相对站立或并排一列,小组成员全部将双手举到自己的眉头的位置。

（3）将轻质塑料棍放在每个人的双手上,确保小组成员每一个人的双手都能接触到塑料棍。

（4）小组成员在保证每个人的手都在塑料棍下面的情况下将塑料棍完全水平地向下缓慢移动。一旦有人的手离开塑料棍或塑料棍失去水平就算失败,应重新开始。

注意事项：教师应注意监督学生的手是否始终接触塑料棍,如有犯规情况应立刻叫停。

拓展思考：

（1）怎样做才能顺利完成这个任务？

（2）小组成员之间的默契是怎样达成的？

（3）游戏过程中是否有领导人物出现指挥大家的行动？

（4）团队的力量不容忽视,讨论帕金森定律。

二、授权风格

项目介绍：固定角色扮演,两两合作完成项目。

项目人数：6人。

项目时间：25分钟。

场地器材：室内;大行李箱,打包专家卡片3张。

卡片1：扮演王博士,世界著名打包专家,向全班展示独一无二的打包方法。展示过程中,助手（B）会作为"你的双手"帮助你打包。你要对"你的双手"实行直接管理的方法。每一步都给予特别的、详尽的指示。例如,"我要带上这件带领子的衬衫,现在我要把它搭在右肩上",不允许助手作任何独立的决定。

卡片2：扮演张博士,世界著名打包专家,向全班展示独一无二的打包方法。展示过程中,助手（B）会作为"你的双手"帮助你打包。让你的助手做任何他想做的事,只简单陈述指示,不提供任何进一步的指导。例如,"我要把袜子塞进这个袖子里。现在我要把我的牙刷放进鞋子里",不给助手提供特别指导或提示。

卡片3：扮演李博士,世界著名打包专家,向全班展示独一无二的打包方法。展示过程中,助手（B）会作为"你的双手"帮助你打包。在整个过程中,你都应该辅导"你的双手"。例如,"我要先叠裤子",并在收拾过程中,口头指导助手,让助手自己尝试各种技巧,必要时候给予正确的提示:"我认为,这双鞋最好放在右边。"

项目目标:

(1)训练学生有效的管理技巧。

(2)提高学生的交流技巧。

项目过程:

(1)第一轮。

①教师将学生分成三组,每组2人(A、B)。

②教师进行项目介绍,告诉每个小组,A是著名旅行家,他们将通过电视卫星给全世界作题目为"如何为你的洲际旅行准备行装"的报告。但是A没有胳膊,一直以来都是依赖助手B的帮助,即B帮助A向电视观众隐瞒这个事实,充当A缺少的部分。

③A面对观众站好,双手交叉于背后,肘部稍弯曲。B站在A后面,将胳膊穿进A的肘部和胸部之间的空当,为A创造出假胳膊。

④教师介绍3位世界上著名的打包专家:王博士、张博士和李博士。并请这些专家展示其特殊的打包方法和风格。打包方法应在3分钟内完成。

⑤第一组准备,打包专家是王博士,站在放行李的桌子后面,面对观众,A按照卡片描述指挥B打包。

⑥3分钟时间到或当所有东西都收拾好时,停止打包,小组成员回答以下问题:

请B回答:你的搭挡是如何与你交流沟通的? 对此你有什么感受? 哪种因素起作用了或没有起作用?

请A回答:演示中,你表现出来的什么风格可能是你本身就具有的? 这与你在现实生活中的风格有什么不同或者相似之处?

(2)第二轮。

①第二组准备,打包专家是张博士。

②同第一轮一样,打包完成后回答上述问题。

(3)第三轮。

①第三组准备,打包专家是李博士。

②同第一轮一样,打包完成后回答上述问题。

注意事项:无。

拓展思考:

(1)三个专家的授权(指挥)分别属于哪种风格? 哪个专家的指挥有效?

(2)最后一次演示,与前两次不同吗?

(3)这三种类型的授权管理分别在什么情况下能够发挥作用？哪种管理风格最有效？

(4)在现实生活中，如何选择恰当的授权管理风格？

(5)讨论授权管理中，如何恰当地分派任务？怎样很好地处理直接管理和松散管理？

三、上下级对工作的理解

项目介绍：集体参与项目。

项目人数：不限。

项目时间：10～15分钟。

场地器材：室内；将图8-2制成投影胶片或分发材料。

项目目标：

(1)让学生体会上下级的沟通与理解。

(2)让学生领会领导的技巧与方法。

(3)让学生以领导者的身份布置和安排工作任务。

项目过程：

(1)请学生想想他们主要的工作范围。

(2)请学生预计一下他们的上司会要求他们做哪些工作。

(3)向全体学生出示图8-2,该图主要描绘上下级之间对同一职位所属工作内容的理解。其中有25%的地方是不吻合的。

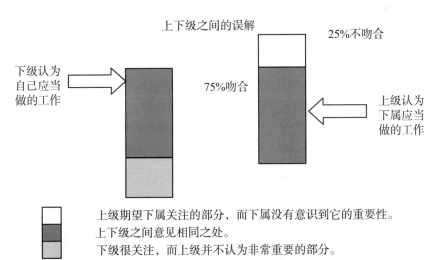

图 8-2

注意事项:无。

拓展思考:

(1)对自己工作中那些未重叠的部分有什么感受?

(2)我们所做的事情和别人对我们的期望总是有一定差距的,为什么上下级的理解会存在不同之处? 为什么他人的理解和自己的理解不同?

(3)自己认为是对的部分是否存在忽略了别人的感受的问题?

四、领袖特质

项目介绍:集体进行的独立完成项目。

项目人数:12~13 人 1 组。

项目时间:40~60 分钟。

场地器材:一块平整的场地;历史上著名的领袖人物的画像(毛泽东、邓小平、亚伯拉罕·林肯、琼·阿切尔、埃莉诺·罗斯福、比尔·盖茨、张瑞敏),每张画像旁边贴一张空白的题板纸,若干份表格(表格中有各位领袖人物姓名)和 2 张投票用的小纸条。每人 1 支笔。

项目目标:

(1)建立健全学生的领导风格。

(2)培养学生的管理技巧。

项目过程:

(1)给每一个学生发 1 份表格。

(2)向学生提问以下问题,要求学生根据每一个问题选择一个相匹配的领导者。同一个领导者可以选择 1 次以上。

①在你的工作中,哪个领导可能是最有效的沟通者?

②在你的工作中,哪个领导在谈判过程中可能是最有才能的?

③在你的工作中,哪个领导可能是最有效地解决问题的人?

④在危机中,你会信任哪个领导?

⑤哪个领导会对你的工作业绩有积极的评价?

⑥哪个领导最适合做你的上级监管者?

⑦作为一个管理者,哪个领导的风格与你自己的风格最为相似?

(3)让学生们互相看看每个问题中其他人的选择,让学生站在他们所选的领导者的画像下面。

(4)让学生陈述每一个问题所选领导人的理由,教师根据学生的陈述把原因记在画像旁边的题板纸上。

(5)让学生重新坐好,选出学生选得最多的 3 张画像。

（6）小组回顾领导者画像旁边的题板纸上的意见，并提出一些领导者说的关于管理本质的语录。

拓展思考：

（1）哪些领导者被选出来使大家感到奇怪？

（2）哪个领导者总是被选的对象？如果有为什么？是不是每一个领导者都具有一些共同的特征？

（3）领导者和管理者有什么不同？

（4）自己的风格和偏好是怎样的？

（5）什么障碍会阻碍你成为你想成为的那个类型的领导者？

（6）组织学生讨论成功的领导者如何才能使员工具有主动和积极完成任务的动力？如何使所有的人在工作中做到协调一致？如何在管理中确保信息能够被一级级地准确传达？怎样才能发现最低级别的员工正在想什么，正在做什么？当工作变得繁重时，怎样才能使员工不抱怨？

第五节　空中挑战类项目实践

心理学研究表明，人会本能地对不熟悉的环境、事物感到恐惧。因此，当一个人面对从未经历过的事和问题时需要足够的勇气和自信去尝试。空中挑战类拓展项目能有效地训练大学生的勇气，培养其面对困难的顽强抵抗精神。

现重点介绍以下几种空中挑战类拓展项目。

一、空中断桥

项目介绍：以个人挑战为主的项目，属于高空类高心理冲击项目，需要学生独立完成。

项目人数：10～16人。

项目时间：120分钟。

场地器材：

（1）室外：组合训练架或专项训练架，高7～12米。

（2）直径10.5毫米动力绳2条，连接后下垂，一根与桥上人员齐膝长，拓展教师使用，另一根至腰，用于保护学生；静力绳1根，与训练架高度相等或略长，用于攀爬保护的上升器引绳。

（3）用于连接两条平行的钢索的 D 型锁或 O 型锁 4 把（有安全滑轮装置可省），主锁 4 把。

（4）上升器 2 把（拓展教师可用主锁与 80 厘米长的扁带代替）。

（5）坐式安全带 3 条；40 厘米应急扁带 1 条；雨天大毛巾 1 条；安全帽 3 顶；足球护腿板 2 副。

项目目标：

（1）培养学生克服恐惧、认识自我、战胜自我的能力。

（2）培养学生在面对困难时互帮互助的精神，培养学生的团队意识。

（3）使学生了解鼓励他人和获取鼓励的重要性。

（4）使学生体会自我说服与自我激励的重要性。

（5）引导学生正确认识挑战顺序与团队内部组织方法的关系。

（6）提高学生的心理承受能力，使学生认识认知心态对行动的影响，学会自我调控心理情绪、缓解心理压力。

项目过程：

（1）组织学生学习安全带、头盔、主锁与上升器的使用与检查方法。

（2）教师在地面演示并组织学生模拟练习在桥面上的完整动作。

（3）帮助准备挑战的学生穿戴好保护装备，在地面上进行试跳，记住自己的起跳腿，并接受队友的激励。

（4）挑战的学生利用上升器爬上距离地面 8 米的高空，空中有个断开的桥面。教师在学生上到桥上时说："欢迎前来挑战"，并让其背靠立柱保护在身体的内侧，为其扣上保护绳主锁，摘去上升器连接的主锁（摘锁顺序一定要先挂后摘），同时观察学生的身体反应，再次检查学员安全带、头盔的穿戴情况。

（5）挑战学生走到桥板的一端，大声问地面的队友："准备好了吗?"，听到队友"准备好了"的回答后，两臂侧平举，大喊"1、2、3"跨步跳到桥板另一端，单脚起跳，单脚落地，然后按同样的要求再跳回来。全体学生依次完成高空断桥挑战项目。

（6）挑战学生在板端时，教师提醒学生将支撑脚脚尖探出板端少许，然后果断跃出。不允许学生在桥面助跑，跳跃过程中，可以一只手轻扶绳子以维持身体重心，但不允许紧拽保护绳。

注意事项：

（1）有严重外伤病史，或有严重心脑血管、高血压及精神疾病，慢性病及并发症或医生建议不适合做此类挑战活动的学生禁止参加此项目。

（2）如果学生脸色发白，呼吸急促，呕吐或表现出呕吐，两眼发黑不能见物，眩晕，动作僵硬迟缓，双眼盯住木板、不敢看其他地方，两腿颤抖，无法站立,教师要不断询问其情况,不强求学生完成。

（3）学生穿安全带、戴头盔、连接上升器时指定一名队友帮助,指定一名学员负责检查,教师再做一遍全面检查。

（4）教师应不断提醒学生将上升器始终保持在腰部以上位置。

（5）教师用绳与学生用绳要理顺,分别连接在平行设置的各自钢索上,不要交错(一般习惯于将短绳即学员用绳挂在前进方向的靠右侧的钢索上)。

（6）挑战学生下桥后应先扣上升器的主锁,再摘保护绳的主锁。

（7）如果学生不敢过桥,教师可先将其引至桥的一端,自己到另一侧引导过桥(学员与拓展教师共用一根钢索时慎用此法),引导过程中多鼓励和关怀,慎用激将法。

（8）教师必须戴头盔,学员要戴足球护腿板。

（9）教师应认真观察女学生,体胖、年龄偏大和不擅运动的学生在地面试跳的距离的情况,以便调整合适的板距。

（10）按照轮流挑战顺序的统筹对团队完成任务的影响分析做合理提示,不要将女学生全部留在最后。

拓展思考:

（1）在地上跨越的感觉和在高空上跨越的感觉有什么不同?

（2）如何说服自己完成挑战的?

（3）合适的激励需要支持,有人喜欢队友们的鼓励,有人喜欢在安静状态下自我激励。自己属于哪一种?

（4）就时间是战胜困难(恐惧)的最好良药展开讨论。

（5）分析团队的挑战顺序对集体完成挑战的影响。

二、空中飞狐

项目介绍:又称"溜索",是一个长距离的、需要一些身体技能、以个人挑战为主的高空项目。

项目人数:10～16 人。

项目时间:120 分钟。

场地器材:

（1）专项训练设施,最好是设定钢锁与滑轮的场地。

（2）静力主绳 2 根、细绳 2 根,长为 50 米。

（3）丝扣主锁 6 把,快挂 1 副。

（4）半身安全带 3 条,胸式安全带 2 条,长扁带 2 条,短扁带 4 条,安全头盔 2 顶,手套 2 双。

项目目标：

(1)培养学生克服恐惧、认识自我、战胜自我的能力。

(2)培养学生在面对困难时互帮互助的精神,培养学生的团队意识。

(3)引导学生以积极的态度去面对生活和工作。

项目过程：

(1)全体学生一起学习安全带、头盔、主锁的使用与检查方法。

(2)全体学生掌握溜索技巧。如果是钢索与滑轮,并设有下垂吊索,学生只用掌握保持身体平衡的技术即可;如果是保护绳临时设置的溜索,学生需要学习控制身体的能力、双手握绳与用腿抱绳技术、上下肢配合前行的技术。

(3)挑战的学生应摘除不安全的穿戴物品,穿戴好保护装备之后,接受队友的激励。

(4)挑战学生穿戴好安全护具,在一定的安全保护下沿梯子或在专人引领下爬上固定绳索的较高地,在教师的帮助下连接好保护主锁,在能够控制的速度内,从上方滑下。全体学生依次完成溜索任务。

注意事项：

(1)架设绳索一定要用静力绳,如果距离较长,需要架设双绳;保护点要做双重连接,每一个绳端都应该有 2 个连接点,分别联结 2 个绳结。

(2)学生应按安全要求穿戴安全护具,主锁必须由教师给学生挂上。安全带必须能够在髋骨上系紧并不能脱出,否则必须穿胸式安全带。

(3)负重或参加的学生体重过重或有"将军肚"必须穿胸式安全带。

(4)认真观察学生的反应,及时给予学生适时、正确的鼓励。不能完成任务的不要强求。

(5)如果学生中途停下,教师要鼓励其继续前进,在未着地前不能摘掉主锁。

(6)如果在路线较长或影响视线的情况下,必须有专业人员负责。

(7)天气变化或绳的下垂距离变化过大时要及时调整,每个学生完成任务后都要检查一次绳索的连接点。

(8)学生必须戴手套,不得穿短裤和裙子参加活动。

拓展思考：

(1)鼓励学生讲讲自己的感受。

(2)在困难面前保持内心的平静很重要,让学生描述任务过程中面朝天空不能看到下面时的内心感受。

(3)面对风险挑战,人通常会有四种表现:表面和内心都不怕;表面不怕内心很怕;表面害怕但内心坚强;表面和内心都害怕。你是怎样评价自己的？

（4）对于必须完成的任务，你喜欢在规定时间内的什么时间段完成，分析这是什么原因。

三、高空抓杠

项目介绍：个人心理挑战，团队协作项目。

项目人数：10～16 人。

项目时间：120 分钟。

场地器材：

（1）野外基地综合训练架。

（2）25 米长、直径 10.5 毫米的动力绳两根，长的绳套 2 套，8 字环 2 个。

（3）丝扣铁锁 4 把，钢锁 4 把。

（4）全身式安全衣 2 套、头盔 2 顶、手套 6 双。

项目目标：

（1）鼓励学生克服心理障碍，建立自信心，提高其自我控制能力。

（2）鼓励学生换位思考。

（3）使学生体验团队成员之间的相互信任、相互负责。

（4）使学生掌握目标管理与控制的成功经验。

（5）引导学生以积极的心态去争取和获得机会。

（6）引导学生正确认识挑战顺序与团队内部组织方法的关系。

项目过程：

（1）全体学生围成一圈，教师宣布项目名称和活动方式。

（2）教师介绍任务背景："我们的军舰遭到德军潜艇的袭击，军舰正在处于下沉的危险情境中，我军总部的救援直升机前来救援，但因风浪很大，站在甲板上的人够不到直升机放下的软梯，只有向前上方用力跳跃才能抓住软梯生还，但一旦抓空就将葬身大海。"

（3）教师讲解保护器械的正确使用，向地面负责保护的学生讲解保护的正确手法，强调安全事项。

（4）让学生做好热身活动，如蹲起、跳跃等。

（5）根据学生的体能情况调整单杠的远近。全体学生依次完成任务。

注意事项：

（1）有严重外伤病史，或有严重心脑血管及精神疾病、慢性病及并发症或医生建议不适合做此类挑战活动的学生禁止参加此项目。

（2）禁止学生戴戒指、留长指甲，长发学生应将头发盘入安全头盔。

（3）在学生每次使用保护器械前教师都应认真检查，确保没有安全隐患。

（4）学生执行任务前，自己、队友、教师依次详细检查学生安全器械的穿戴使用，摘、挂主锁必须由教师亲自操作。

（5）用尼龙搭扣将学生身后的 2 根保护绳包裹在一起。禁止学生抓保护绳及主锁。

（6）严格控制学生从高空下降的速度，防止速度过快而受伤。

（7）禁止学生在没有安全保护的情况下攀上训练架。

拓展思考：

（1）胜利完成项目调整的体验如何？

（2）以抓杠比作生活和学习中的目标，进行讨论。

（3）不能做和不敢做的区别是什么？ 如何说服自己完成任务？

（4）积极的心态和消极的心态会有不同的结果，就成功和失败只有一念之差展开讨论。

四、高空速降

项目介绍：个人心理挑战，团队鼓励项目。

项目人数：8 人一组。

项目时间：90 分钟。

场地器材：

（1）高为 3～4 层的训练架，楼房或人工岩壁、山崖亦可。

（2）直径大于 10 毫米、足够长的登山静力绳 2 根，1 根备用；长 40 厘米的绳套 4 根。

（3）丝扣主锁 4 把，钢锁 4 把，8 字环 6～8 个，主锁 10～12 个。

（4）半身式安全带 6 条，安全头盔 6 顶，手套 12 双，医用胶布若干。

项目目标：

（1）让学生体验自己认为做不到的事情。

（2）让学生感受团队成员激励的力量。

（3）培养学生克服恐惧、认识自我、战胜自我的能力。

（4）增强学生面对困难的自信心。

项目过程：

（1）教师指导挑战学生正确认识安全保护器械，学会正确使用和检查安全保护器械的方法。

（2）教师指导地面保护学生学习和熟练掌握正确的保护方式和方法。

（3）教师指导学生独立完成速降任务，并在确保学生熟练程度的基础上，逐渐增加高度，让学生完成3米、5米、8米、10米的速降。

注意事项：

（1）有严重外伤病史，或有严重心脑血管及精神疾病、慢性病及并发症或医生建议不适合做此类挑战活动的学生禁止参加此项目。

（2）确保每个学生都正确、熟练掌握器械的操作手法和程序且能独立完成。

（3）教师在学生速降前应严格检查其是否正确穿戴安全带和安全头盔。

（4）整个活动器械要有备份，符合器械备份原则。

拓展思考：

（1）讲述接到任务后的感受。

（2）站在高空速降前的心情怎样？队员的激励是否有效？

（3）完成任务前后对自己的评价如何？

（4）完成任务后的感受怎样？对自己有没有重新的认识和定位？

（5）欲速则不达，分析合理地控制速度与顺利完成任务之间的关系。

参考文献

[1]闫闯.我国高等院校拓展训练课程教学理论的研究[D].北京体育大学,2012

[2]厉丽玉.户外运动与拓展训练[M].杭州:浙江大学出版社,2012

[3]周云,王三保.高校开设户外运动课程的必要性研究[J].和田师范专科学校学报,2007(07)

[4]孙镭.高校户外运动类体育课的组织与管理研究[J].赤峰学院学报,2010,26(02)

[5]杨汉,董范,郑超,童德卿,胡凯.高校体育课程——户外运动教学体系的研究[J].北京体育大学学报,2005,28(06)

[6]钟镇吉.长春市高校大学生户外运动开展现状及对策研究[D].东北师范大学,2010

[7]董立.大学生户外运动[M].成都:西南交通大学出版社,2010

[8]陶宇平.户外运动与拓展训练教程[M].北京:电子科技大学出版社,2006

[9]钱永健.拓展训练[M].北京:企业管理出版社,2006

[10]王三保.武汉地区普通高校开设户外运动课程的可行性研究[D].华中师范大学,2007

[11]徐国富.以俱乐部形式进行大学体育教学的实验与研究[J].西安体育学院学报,2004

[12]庞元宁,何建文.体育课程新论[M].北京:人民体育出版社,2004

[13]张瑞林.户外运动[M].北京:高等教育出版社,2005

[14]岳强.我国高校户外运动发展现状的研究[J].体育博览,2011(16)

[15]杨学凤.论高校户外运动的开展[J].中华文化论坛,2009(S1)

[16]孟刚.户外运动[M].北京:北京师范大学出版社,2008

[17]董范,刘华荣,国伟.户外运动组织与管理[M].武汉:中国地质大学出版社,2009